Mídia e educação

Conselho Acadêmico
Ataliba Teixeira de Castilho
Carlos Eduardo Lins da Silva
Carlos Fico
Jaime Cordeiro
José Luiz Fiorin
Tania Regina de Luca

Proibida a reprodução total ou parcial em qualquer mídia
sem a autorização escrita da editora.
Os infratores estão sujeitos às penas da lei.

A Editora não é responsável pelo conteúdo deste livro.
A Autora conhece os fatos narrados, pelos quais é responsável,
assim como se responsabiliza pelos juízos emitidos.

Consulte nosso catálogo completo e últimos lançamentos em **www.editoracontexto.com.br**.

Mídia e educação

Maria da Graça Setton

editora**contexto**

Copyright © 2010 Maria da Graça Setton

Todos os direitos desta edição reservados à
Editora Contexto (Editora Pinsky Ltda.)

Capa e diagramação
Gustavo S. Vilas Boas

Preparação de textos
Lilian Aquino

Revisão
Flávia Portellada

Dados Internacionais de Catalogação na Publicação (CIP)
(Câmara Brasileira do Livro, SP, Brasil)

Setton, Maria da Graça
Mídia e educação / Maria da Graça Setton. –
1. ed., 2ª reimpressão. – São Paulo : Contexto, 2025.

Bibliografia
ISBN 978-85-7244-482-8

1. Comunicação de massa na educação 2. Educação
3. Mídia I. Título.

10-06404 CDD-371.33

Índices para catálogo sistemático:
1. Educação para as mídias 371.33
2. Mídia-educação 371.33

2025

Editora Contexto
Diretor editorial: *Jaime Pinsky*

Rua Dr. José Elias, 520 – Alto da Lapa
05083-030 – São Paulo – SP
PABX: (11) 3832 5838
contato@editoracontexto.com.br
www.editoracontexto.com.br

Sumário

Apresentação 7

Mídias: uma nova matriz de cultura 13
    Cultura e socialização na contemporaneidade 15
    Ritmo e circularidade da cultura das mídias 22
    A materialidade da cultura midiática 24
    Síntese 25
    Sugestão de atividade 27
    Leitura complementar 29
    Referências bibliográficas 29

História do fenômeno e definição de conceitos 31
    Uma breve contextualização histórica 31
    Esclarecendo alguns conceitos 34
    Uma perspectiva de análise 36
    Síntese 40
    Leitura complementar 40

A perspectiva da Escola de Frankfurt 41
    A perspectiva frankfurtiana 41
    Possíveis críticas ao pensamento dos frankfurtianos 45
    Outro expoente da Escola de Frankfurt – Walter Benjamin ... 47
    Síntese 50
    Sugestão de atividade 51
    Leitura complementar 52

A perspectiva da integração da cultura 53
    O indivíduo e sua realidade de cultura 57
    Contexto e estrutura da cultura de massa 59
    A perspectiva do diálogo 63
    Síntese 65
    Sugestão de atividade 66
    Leitura complementar 67

Os estudos de recepção 69
  As mediações 74
  Os limites da abordagem dos estudos de recepção 79
  As pesquisas atuais 81
  Síntese 83
  Sugestão de atividade 84
  Leitura complementar 85

A cibercultura, o ciberespaço e a educação 87
  Caracterização do fenômeno enquanto cultura 90
  Uma perspectiva crítica 92
  Da aposta ao sentido comunitário e sua realização 95
  Ressalvas 97
  O ciberespaço e a cibercultura
  e suas implicações para a educação 98
  O papel do professor 102
  Síntese 103
  Sugestão de atividade 104
  Leitura complementar 105

Considerações finais 107

Bibliografia 113
  Bibliografia geral indicada 113
  Bibliografia complementar 114

Anexos 117
  Sugestões e roteiro de atividades 117
  Sites de consulta 124
  Sugestões de filmes para discussão e análise 125

A autora 127

Apresentação

Uma das grandes transformações ocorridas nestes dois últimos séculos refere-se ao fenômeno midiático. Tomando as mídias como tema de reflexão é possível observar que além de estarem presentes em nosso cotidiano, elas se constituem em um assunto de interesse geral. Nesse sentido, precisam ser objeto de um conhecimento mais detalhado. Como pesquisadora dos fenômenos da cultura e da educação, reflito sobre as mudanças culturais sofridas pela modernidade e seu impacto nas questões educacionais.

Entendo por mídias todo o aparato simbólico e material relativo à produção de mercadorias de caráter cultural. Como aparato simbólico, considero o universo das mensagens que são difundidas com a ajuda de um suporte material como livros, CDs etc., a totalidade de conteúdos expressos nas revistas em quadrinhos, nas novelas, nos filmes ou na publicidade; ou seja, todo um campo da produção de cultura que chega até nós pela mediação de tecnologias, sejam elas as emissoras de TV, rádio ou internet. Uma produção de cultura realizada de maneira industrial – sistematicamente veiculada pelas instituições dos campos editorial, fonográfico, televisivo, radiofônico, cinematográfico e publicitário, possibilita a maior circulação de referências de estilos de vida, ideias e referências de comportamento.

Relaciono o fenômeno das mídias com a educação. Mais especificamente, considero as mídias, enquanto agentes sociais da socialização, agentes sociais da educação. Defendo que as mídias desenvolvem uma função educativa e explico essa tese ao longo do livro.

A presente discussão pretende também chamar a atenção para um novo campo de investigação e estudos na área da educação. Poucos são os que se dedicam a esse tema. É necessário formar uma base de interesse e conhecimento sobre este fenômeno bastante polêmico que são as mídias. Embora sejam muito discutidas, pouco ainda se sabe sobre elas. Como educadores, cremos que este assunto exige de nós uma postura de muita atenção e amadurecimento teórico. Não se trata de um assunto simples. Trata-se, antes de tudo, de um tema interdisciplinar e, sendo assim, exige uma atenção sempre redobrada. Diferentes visões ou tomadas de posição sobre o mesmo fenômeno devem e podem ser incorporadas, pois trazem novas luzes sobre sua complexidade.

O fenômeno das mídias é profundamente controverso. Ou seja, não seria possível fazer uma leitura única e acabada sobre um tema tão grandioso pautando-se em um único ponto de vista. É necessário ter consciência das teorias que uso. Dessa forma, a principal missão deste livro é tornar conhecidos para os leitores alguns estudiosos do tema. Trazer para a reflexão autores, conceitos, discussões e polêmicas a respeito das mídias é o meu objetivo. A discussão será marcada, contudo, por alguns princípios básicos, algumas hipóteses, métodos e um raciocínio de trabalho.

Primeiramente, as mídias devem ser vistas como agentes da socialização, isto é, possuem um papel educativo no mundo contemporâneo. Junto com a família, a religião e a escola (entre outras instituições), elas funcionam como instâncias transmissoras de valores, padrões e normas de comportamentos e também servem como referências identitárias.

As mídias, então, são tão poderosas quanto seus companheiros de prática pedagógica, como a família e a escola, por exemplo. A particularidade do mundo contemporâneo é que essas instâncias vivem hoje em uma tensa e intensa rede de interdependência com as outras agências socializadoras, agindo simultaneamente na formação moral e cognitiva do indivíduo na atualidade. Entretanto, a relação que mantêm entre si pode ser expressa a partir de arranjos muito variados. São relações que chamo de complementaridade ou mesmo de ruptura. As instâncias educativas podem ser aliadas ou podem viver em conflito constante. Elas podem, portanto, conviver e coexistir desenvolvendo práticas comuns ou práticas muito discordantes. Por exemplo, uma família evangélica pode se incomodar com conteúdos televisivos que discordam dos dogmas de sua fé religiosa.

Nesse sentido, não é possível mais conviver com discussões simplistas que dão uma importância irreal às mídias sem compreender a complexidade das relações que elas mantêm com as outras instâncias e situações de vida dos sujeitos. Em outras palavras, é preciso afirmar que as mídias não têm o monopólio das informações. Não agem sozinhas. Como a família, a religião e a escola, as mídias, entre outras agências educativas, podem ser consideradas produtoras de uma nova forma de fazer cultura, construída pela própria sociedade a partir da audiência e o corpo de seus profissionais do jornalismo, produção de imagem e textos, entre outros.

Dessa forma, as mídias serão vistas aqui como espaços educativos na medida em que são responsáveis pela produção de uma série de informações e valores que ajudam os indivíduos a organizar suas vidas e suas ideias. Auxiliam, também, a formarem opinião sobre as coisas, ajudam todos nós a organizar uma forma de compreender e de se adaptar ao mundo.

Parto do pressuposto de que toda prática midiática é um ato de troca, um ato que exige a negociação de informação. Considero, pois, as mídias como agentes da comunicação, agentes do diálogo e da mediação com seus consumidores. São característicos do fenômeno midiático os atos da reciprocidade e da troca de mensagens, códigos e saberes. E, como a prática pedagógica, como a ação docente, as mídias falam com alguém, exprimem uma ideia, um conteúdo, têm intenção de transmitir, divulgar conhecimentos, habilidades e competências.

Apesar disso, as mídias – assim como o professor – não sabem como sua intenção, suas ideias, desejos e projetos se realizarão. Não sabemos, como professores, o que o aluno aprenderá de nosso discurso. O mesmo se dá com as mídias. Elas têm interesses e mensagens que consideram importantes, calculam estrategicamente como essa intenção chegará ao receptor, mas jamais saberão como foram compreendidas, apropriadas e interiorizadas pelos indivíduos. A prática de transmitir conhecimentos e valores que as mídias se propõem é um ato pedagógico e, portanto, também comunicativo. A comunicação de sentidos e valores faz parte da educação. Nesse sentido, tanto as mídias, como a prática pedagógica não viveriam sem o intercâmbio de sentidos.

No mundo moderno, com os avanços da tecnologia, das técnicas de comunicação, com a sofisticação da publicidade e de um estilo de vida em que o consumo tem um papel preponderante, os meios de comunicação de massa assumem uma expressiva importância. É momento de refletir sobre o papel pedagógico e muitas vezes ideológico das mídias. Para o bem ou para o mal, elas estão presentes em nossas vidas de forma cada vez mais precoce e cada vez mais forte. Não é possível fechar os olhos para essa realidade. É preciso, pois, estarmos preparados para a compreensão e análise desse fenômeno que diz respeito a todos nós.

Para desenvolver esses argumentos, o livro está composto de seis capítulos. O capítulo "Mídias: uma nova matriz de cultura" aponta o eixo central de análise de toda a discussão. Tenho como hipótese que as mídias se constituem em uma nova matriz de cultura, isto é, uma nova e polêmica instituição socializadora. Como instituição socializadora, geraria em seu interior um sistema de valores organizado a partir de preceitos e prescrições comportamentais. Para viver em sociedade, temos que partilhar de uma série de códigos comunicativos (uma língua), temos que comungar categorias do julgamento (belo/feio) bem como estabelecer consensos sobre padrões de conduta (modas) transmitidos pelas instituições que facilitam a integração em um universo de símbolos. As mídias contribuem com esse processo de socialização e de transmissão de padrões de comportamento, sem dúvida, não isentos de tensões, mas que potencializam o intercâmbio da vida social.

Os capítulos "História do fenômeno e definição de conceitos", "A perspectiva da Escola de Frankfurt" e "A perspectiva da integração da cultura", por outro lado, apresentam definições, autores, conceitos e perspectivas que se tornaram referência nas investigações sobre os impactos das mídias em nossa vida cotidiana. Defino conceitos, contextualizo historicamente as mídias, bem como sugiro uma metodologia de reflexão no capítulo "História do fenômeno e definição de conceitos". Lembro a importância dos teóricos da Escola de Frankfurt na caracterização da cultura moderna das sociedades ocidentais e discuto o alcance e o limite de suas contribuições para os estudos desse fenômeno no capítulo "A perspectiva da Escola de Frankfurt". Apontando uma outra perspectiva tão importante como aquela desenvolvida pelos pesquisadores dessa escola alemã, chamo a atenção, no capítulo "A perspectiva da integração da cultura", para as reflexões de Edgar Morin. A meu ver, trata-se de uma leitura obrigatória, pois se revela complementar à anterior.

Em "Os estudos de recepção", apresento o ponto de vista dos estudos de recepção. Enfatizando as investigações que denunciam aspectos do conteúdo das mensagens midiáticas e seus efeitos em um público consumidor, o fenômeno das mídias é apontado como um fenômeno comunicativo, ou seja, um tipo de relação social que implica um diálogo constante entre emissor e receptor. Destacando a figura do pesquisador Jesús Martín-Barbero, apresentamos as tendências atuais de investigação nesse campo.

No capítulo "A cibercultura, o ciberespaço e a educação", finalizo a discussão, mostrando aspectos relativos ao ambiente cutural inédito da vida social e das experiências educativas na atualidade, derivado das novas redes de comunicação virtual.

Essas reflexões pretendem partilhar uma abordagem teórica e metodológica com colegas e alunos, pois há muito têm auxiliado nas investigações sobre o fenômeno das mídias. Isto é, para aqueles que têm familiaridade com as mídias, o objetivo é estimular o debate e, para os novatos, a intenção é convidá-los a fazer uma imersão nesse amplo, diverso e instigante campo de investigação.

Mídias:
uma nova matriz de cultura

Para iniciar este capítulo, seria importante esclarecer algumas ideias ou hipóteses que nortearão as próximas reflexões. Ou seja, para pensar as relações entre mídia e educação, é preciso fazer algumas mediações e para isso, tomar como eixos as noções de cultura e de socialização.

Primeiramente, a noção de cultura compreendida em seu sentido antropológico, como produto da atividade material e simbólica dos humanos; cultura como capacidade dos indivíduos de criarem significados, potencial humano de interagir e se comunicar a partir de símbolos. Segundo essa perspectiva, refletir sobre as mídias a partir do ponto de vista da educação é admiti-las enquanto produtoras de cultura. É também admitir que a cultura das mídias, suas técnicas e conteúdos veiculados pelos programas de TV, pelas músicas que tocam no rádio, ou mensagens da internet, nas suas mais variadas formas, ajudam-nos, juntamente com valores produzidos e reconhecidos pela família, pela escola e pelo trabalho, a nos constituir enquanto sujeitos, indivíduos e cidadãos, com personalidade, vontade e subjetividade distintas.

Em síntese, conceber as mídias como matrizes de cultura é considerá-las um sistema de símbolos com linguagem própria, distinta das demais matrizes de cultura (imagem, som, texto, e a mistura de todos eles) que compõem o universo socializador do indivíduo contemporâneo.

No caso do Brasil, mais especificamente, desde os anos 1970, a sociedade vem convivendo com a realidade da cultura das mídias de maneira intensa e profunda. Pouco letrada e urbanizada, em algumas décadas, a população brasileira viu-se imersa em uma *terceira cultura* – a cultura da comunicação de massa – que se alimenta e sobrevive à custa dos valores de outras culturas como as de caráter nacional, religioso e escolar.

O *conceito de mídia* é abrangente e se refere aos meios de comunicação massivos dedicados, em geral, ao entretenimento, lazer e informação – rádio, televisão, jornal, revista, livro, fotografia e cinema. Além disso, engloba as mercadorias culturais com a divulgação de produtos e imagens e os meios eletrônicos de comunicação, ou seja, jogos eletrônicos, celulares, DVDs, CDs, TV a cabo ou via satélite e, por último, os sistemas que agrupam a informática, a TV e as telecomunicações – computadores e redes de comunicação.

Para compreender as mídias como matrizes de cultura, proponho aproximar ainda mais as noções de educação e socialização. A socialização compreendida como um processo educativo que busca a transmissão, negociação e apropriação de uma série de saberes que ajudam na manutenção e ou transformação dos grupos e das sociedades.

Para facilitar a compreensão desse ponto de vista, é possível afirmar que o processo de socialização pode ser pensado sob dois eixos. Pode ser definido, primeiramente, como processo de imposição de padrões e normas de conduta que visam modular nosso comportamento individual. Nessa primeira definição, enfatizo o processo de condicionamento e de controle da sociedade sobre os indivíduos. Mas a socialização pode ser vista, também, como um processo que engloba um conjunto de experiências de aquisição de conhecimentos e aprendizados por parte de todos nós; experiências de reflexão sobre a imposição desses padrões de conduta e sua eventual interiorização. Ou seja, a imposição e a negociação dos valores sociais apreendidos no processo de socialização mostram o quanto esse fenômeno é tenso e conflituoso.

Por exemplo, quantas vezes os adultos sofrem resistência dos filhos e alunos em aceitar passivamente orientações? Isso se dá pelo fato de que o que se quer transmitir para os mais jovens reflete uma visão de mundo, expressa, muitas vezes, valores que acreditamos ser os mais corretos, mas que alunos ou filhos não concordam. São esses valores expressos nas mensagens que nós, como educadores tradicionais, e as mídias, como educadoras da modernidade, sistematicamente transmitimos. Para o bem ou para o mal, as mídias transmitem mensagens contribuindo para a formação das identidades de todos. Elas e as escolas, ao mesmo tempo, como todas as outras instituições socializadoras, procuram valorizar ou condenar certos comportamentos e regras.

Podemos, pois, concluir que a socialização é uma dimensão da formação humana propiciada por instâncias produtoras de cultura e tem como tarefa primordial a transmissão de ideias e valores. Os sistemas educativos dos grupos, as estratégias e práticas de socialização daí decorrentes expressariam uma visão de mundo, seriam responsáveis pela difusão ou condenação de sistemas de valores comportamentais.

Cultura e socialização na contemporaneidade

Fazendo um breve apanhado da história do conceito de cultura podemos afirmar que uma das primeiras utilizações dessa noção está datada dos anos 1500 e remetia à ideia de cultivo ou cuidado de alguns elementos, tais como grãos e animais. Mais recentemente, vemos que o sentido da noção de cultura pretende alcançar o entendimento do cultivo da mente humana, remetendo à ideia de cuidado, atenção e esforço de um ser em processo de desenvolvimento.

Vale ressaltar ainda que a noção de cultura sempre carregou um forte viés elitista. Ou seja, durante muito tempo, essa noção expressou uma ideia de desenvolvimento ou evolução, um salto de qualidade em relação a outros estágios anteriores de civilização ou de cultura. Até hoje, não é difícil encontrar fortes vestígios dessas representações entre nós.

Por exemplo, quando classificamos algum sujeito como culto, queremos expressar uma ideia muito positiva sobre sua pessoa.

Só muito recentemente a noção de cultura assumiu o sentido de um *processo* ou *produto,* resultado de um esforço material e espiritual de indivíduos ou de grupos.

No entanto, para os interesses de nossa discussão proponho ir além e pensar a noção de cultura a partir de seu contexto de formação. É necessário analisar as culturas, entre elas as culturas das mídias, como um estudo integrado das formas simbólicas – ações, objetos, moralidade, produções e linguagens da sociedade – que têm origem em processos historicamente específicos e socialmente datados; a cultura constitui-se de um universo de símbolos, são formas simbólicas produzidas, difundidas e consumidas pelos grupos. Assim, o que estou propondo é enfatizar os contextos sócio-históricos de produção das culturas.

É preciso dar ênfase ao caráter simbólico dos fenômenos culturais (eles expressam valores comportamentais e morais), mas também alertar para a necessidade de relacioná-los a contextos e processos históricos e socialmente marcados pela organização social dos grupos. Pode-se perguntar, por exemplo, tal expressão cultural é específica de qual sociedade (brasileira ou norte-americana) ou civilização (oriental ou ocidental, capitalista ou socialista)?

Dessa maneira, o que interessa salientar é que ao fazer a análise dos fenômenos culturais da modernidade, por exemplo, um filme como *Stuart Little,* além de examinar seus personagens e discursos é preciso também contextualizar a sociedade em que ele foi produzido, o momento histórico e social específico de sua produção e difusão, e em seguida perguntar: sobre qual sociedade estamos falando? Como ela se estrutura? Qual seu modelo de organização social?

Se estamos nos referindo às sociedades ocidentais e capitalistas, estamos falando de uma cultura que é produzida em um contexto social hierarquizado, marcado por profundas diferenças sociais, com uma injusta distribuição de poder e privilégio. Essa perspectiva pode ser denominada como concepção estrutural de cultura. E, procedendo dessa forma, tem-se uma análise sobre a cultura midiática enfatizando as condições sociais de produção dessas mensagens, condições essas em que as relações de poder são um importante aspecto a se considerar.

Para essa visão, os produtos culturais promovidos pelas mídias, ou por outras matrizes de cultura, podem expressar diferentes maneiras de ver o mundo.

Compreender uma das culturas de nosso tempo, ou seja, a cultura midiática, portanto, pode ser uma pista para compreender a sociedade em que vivemos, seus conflitos, lutas internas, jogos de interesses, medos e fantasias. Essa visão concebe toda expressão cultural das sociedades contemporâneas com capacidade de fazer um diagnóstico da história de uma época e de uma sociedade. Por exemplo, várias novelas ou seriados são capazes de pôr em evidência conflitos identitários relativos ao preconceito racial e homossexual. Os filmes de terror expressam as dificuldades que temos em lidar com a morte e o sofrimento; ou mesmo as comédias provocam nosso riso quando exploram preconceitos ou estereótipos sociais criados pela sociedade em que vivemos.

Mas valeria um importante alerta. A concepção que proponho não considera que as mensagens veiculadas pela indústria midiática são por si mesmas construções ideológicas.

Segundo o *Dicionário Houaiss*, ideologia se refere ao conjunto de ideias presentes nos âmbitos teórico, cultural e institucional das sociedades que se caracteriza por ignorar a sua origem nas necessidades e interesses inerentes às relações econômicas de produção e, portanto, termina por beneficiar as classes sociais dominantes. Pode ser entendida também como a totalidade das formas de consciência social, o que abrange o sistema de ideias que legitima o poder econômico da classe dominante (ideologia burguesa) e o conjunto de ideias que expressam os interesses revolucionários de uma classe dominada (ideologia proletária).

Antes de generalizar falas, imagens e discursos difundidos massivamente pela indústria da cultura como instrumentos ideológicos, é preciso investigar o contexto da produção, é necessário observar as condições de difusão e recepção das mensagens, bem como o sentido/significado que essas assumem em determinadas circunstâncias.

A originalidade dessa forma de conceber ideologia num contexto de comunicação massiva é detectar e analisar se o sentido construído e usado pelas formas simbólicas serve ou não para manter relações de poder sistematicamente assimétricas. Por exemplo, é muito raro encontrar em uma novela um empresário rico e poderoso que seja homossexual ou negro. É mais comum encontrar o contrário, ou seja, a cor da pele negra associada à ideia de bandidos ou empregados com baixa qualificação, e homossexuais nunca ocupando papel de destaque. Dessa forma, a escolha dos personagens de ficção e suas características identitárias podem ou não reforçar relações assimétricas de poder.

Dito com outras palavras, no meu entender, são ideológicas apenas as mensagens que reforçam contextos e relações de poder tal como o exemplo dado anteriormente.

Estudar a ideologia dos bens culturais midiáticos é explicitar a conexão entre o sentido/significado mobilizado pelas mensagens midiáticas e as relações de dominação que esse sentido mantém. Estudar a ideologia dos bens da cultura das mídias é estudar as maneiras como as formas simbólicas se entrecruzam com as relações de poder de uma dada sociedade reforçando ou criticando padrões comportamentais estabelecidos.

Além disso, pode-se acrescentar que as mensagens ideológicas não sustentam apenas a dominação de classe. As relações de classe são apenas uma forma de dominação e subordinação, constituem apenas um eixo da desigualdade e da exploração das sociedades capitalistas; é preciso, pois, não negligenciar nem menosprezar a importância das relações de poder entre os sexos, entre os grupos étnicos, entre os indivíduos e suas diferentes posições na hierarquia social.

Nesse sentido, a noção de cultura não pode se reduzir às manifestações de juízos de valor moral e, portanto, a manifestações abstratas das instituições e modelos de comportamento de uma formação social. É necessário, ainda, criar uma definição mais eficaz, uma definição que entenda a cultura enquanto *processo que se realiza em condições sociais específicas*.

Explicando melhor: a produção cultural ou simbólica de uma sociedade, entre elas a midiática, a produção dos sentidos e opiniões acerca de um acontecimento político (é certo ou errado um político roubar os cofres públicos), a produção das categorias do pensamento e do julgamento (o que é considerado bonito e o que considerado feio) de cada um de nós estão diretamente relacionadas às nossas condições de trabalho, de estudo, de lazer e, principalmente, de nossa origem familiar.

A cultura, nesse entendimento, não representa apenas os símbolos, a moral e as imagens de uma sociedade, como sua música, seus ditados populares ou sua bandeira. A cultura é muito mais do que isso, pois expressa *um conjunto de condições sociais de produção de sentidos* e valores que ajudam na *reprodução* das relações entre os grupos, que auxiliam na *transformação* e na *criação* de novos e outros sentidos e valores.

Dessa forma, as culturas, e entre elas a cultura das mídias, devem ser vistas enquanto *processo;* devem ser vistas nos atos de *produção*, nos atos que envolvem a *divulgação* e nos atos de *promoção* das mensagens, bem como nos atos de *recepção* daquilo que é produzido. Veja bem: são quatro etapas que se entrecruzam para realizar o fenômeno da criação da cultura midiática.

A cultura não se reduziria aos objetos, símbolos morais ou bens materiais de uma sociedade, mas se apresentaria também como resultado das *diferenças de sentido* ou *diferenças de usos* entre os diversos indivíduos que a produzem e a consomem.

É fácil compreender essa proposta se pensarmos um produto cultural a que todos têm acesso, como as novelas. Os jovens com origem social mais favorecida e mais escolarizados se interessam pelas novelas como entretenimento, enquanto os jovens de origem popular quase não as acompanham, pois à noite estão na escola e durante o dia estão no trabalho; mesmo entre os jovens de camadas populares que assistem às novelas, é possível que ali tenham acesso a valores até então desconhecidos e se apropriem deles a partir de suas bagagens culturais anteriores. Ou seja, o mesmo produto da indústria da cultura da televisão – a novela – terá um uso diferenciado entre os jovens; a forma como os diferentes jovens aproveitarão esse entretenimento será distinta e, portanto, as condições de produção de sentidos de cada um serão consequentemente diferentes.

Em síntese, indo além do sentido antropológico do termo, ou seja, um sistema de valores e normas de comportamento que orientam a prática humana, nossa concepção de cultura revela um papel central na nossa existência cotidiana, pois está presente nas condições do processo de construção de nosso pensamento (valores abstratos), de nossa ação (comportamentos visíveis) e no processo de relação com os nossos semelhantes valorizando ou condenando práticas de cultura.

Valeria terminar essa discussão perguntando: Qual a importância em saber o papel que a cultura desempenha na construção de nossas visões de mundo? Por que existiria tanta gente discutindo sobre a importância do controle da veiculação dos produtos culturais midiáticos? Ou mais precisamente, por que muita gente se refere à TV Globo como muito poderosa? Enfim, qual a importância da cultura midiática nas relações sociais e nos processos socializadores da modernidade?

A cultura, enquanto forma de linguagem, mediadora e produtora de sentido/significado, é responsável pelos consensos de valores e comportamentos das sociedades; consequentemente, a cultura como organizadora do mundo serve como reguladora das nossas mentes.

Segundo essa perspectiva, a cultura:

a) oferece um código, um conjunto de símbolos, como a linguagem (um som e uma palavra que se correspondem e que remetem a um significado, por exemplo, homem e mulher);
b) essa mesma linguagem possibilita a comunicação e a integração de todos os indivíduos de uma sociedade pelos sentidos

(o que é considerado pertinente para o sexo masculino e o que é considerado condenável para o sexo feminino, por exemplo);
c) essa mesma organização de sentidos oferece simultaneamente a capacidade de organizar o mundo segundo um ponto de vista, classifica aqueles significados de homem e mulher a partir de uma visão de mundo (um mundo machista ou um mundo em que homens e mulheres têm liberdade de expressar ideias diferentes daquelas que todos comungam);
d) e, muitas vezes, esse sistema simbólico possibilita a integração social a partir de visões ideológicas da sociedade (é sabido que os homens, mesmo possuindo o mesmo nível de escolaridade que as mulheres, ocupam posições mais bem remuneradas no mercado de trabalho).

É então por esse motivo que justifico compreender como são feitas essas relações de sentido propostas pelas mídias. Em favor de quem e de que elas estão?

Essas preocupações em relação à dimensão cultural ocorrem porque a cultura, enquanto um sistema simbólico, é um veículo de sentido.

A cultura mediatiza uma ideia, um sistema de ideias, ela oferece um discurso que cria os sentidos e as verdades. Em outras palavras, os sentidos, ou os mediadores dos sentidos, entre eles as mídias e suas celebridades, e os discursos, dotados de sentido que as mídias difundem, são importantes politicamente porque expressam uma ideia, um posicionamento.

Em segundo lugar, nessa perspectiva, o discurso que conseguir maior visibilidade será o que obterá mais adeptos. O significado dos discursos não surge das coisas em si, mas dos jogos de linguagem e dos sistemas de classificação nos quais as coisas são e estão inseridas.

Nesse sentido, os discursos e os significados veiculados por mais essa instância de socialização têm o potencial de modelar nossas práticas, podem orientar nossas condutas e, ao mesmo tempo, justificar projetos e interesses de outros.

Mas valeria perguntar de novo: Por que é importante saber quem controla a produção de sentidos?

De uma certa forma, já foi respondida essa questão. A importância de saber quem tem acesso ao controle das mensagens culturais existe porque a cultura tem a capacidade de organizar e classificar os nossos pensamentos. Assim, ela oferece os pontos de apoio e de orientação para os nossos comportamentos.

A cultura e o processo de sua transmissão, portanto, possuem uma profunda relação com o poder de governar nossas vidas. As formulações de sentido relativas ao comportamento dos homens e das mulheres veiculadas pelas mídias, por exemplo, podem influenciar as maneiras de valorizar ou condenar esses mesmos comportamentos, ajudando a mudar ou a conservar seus sentidos.

Nossas condutas e nossas ações podem ser valorizadas ou condenadas, moldadas e, dessa forma, reguladas a partir de normas e regras difundidas pelas matrizes de cultura.

Uma vez que a cultura (e a sua produção de significados) regula as práticas e condutas sociais, é importante saber quem a regula.

Ritmo e circularidade da cultura das mídias

Valeria perguntar ainda: como as questões relativas ao ritmo da cultura das mídias interferem nas estratégias educativas e no processo socializador? Como essa discussão contribui para pensar as questões educativas de nosso tempo? Ou mais objetivamente, como essa discussão colabora para a formação do jovem e do educador contemporâneo?

Creio que, fundamentalmente, a importância dessa nova forma de produção de cultura pelas mídias encontra-se nos aspectos relativos às estratégias de formação das gerações atuais e futuras. Dito de outra forma, a rapidez e a simultaneidade da difusão de informações transformaram as formas de aprendizado formal e informal de todos nós; a maior circularidade da informação exige, pois uma nova forma de pensar sobre os processos de formação do homem da modernidade.

As maneiras pelas quais interagimos e nos adaptamos ao mundo, as maneiras pelas quais orientamos nossas práticas cotidianas, as formas de perceber o outro e a nós mesmos mudaram a partir da presença constante das mídias em nossas vidas. Por exemplo, hoje as crianças têm acesso desde muito pequenas a uma variedade de informações disponíveis nos desenhos animados, nas embalagens de produtos alimentícios ou na publicidade. Informações, apelos de consumo, modelos e estilos de vida veiculados pelas mensagens de uma indústria da cultura que compõem o imaginário e a vida prática de todos. Assim, no momento de uma compra ou no momento da escolha de uma revista em quadrinhos podemos estar sendo influenciados pela publicidade ou pelos nossos amigos ou familiares.

É possível observar também a facilidade com que as novas gerações manejam os suportes técnicos, como, por exemplo, os controles remotos, máquinas fotográficas e recursos sofisticados do computador. A introdução precoce de uma série de instrumentos tecnológicos na vida da "geração @" impõe necessariamente o desenvolvimento de uma diferente sensibilidade técnica dos jovens que nasceram a partir dos anos 1980. A linguagem que se desenvolve nos jogos eletrônicos, a rapidez de manejo do instrumental, a agilidade mental e a capacidade de utilizar ao mesmo tempo o telefone celular, um Ipod, e uma conversa no MSN Messenger espantam os mais velhos enquanto soa bastante familiar entre eles. É notável como as noções de tempo e de espaço mudam com a utilização constante dos meios modernos de comunicação.

Portanto, o que vemos são mudanças que começam na forma de ter acesso a essas mensagens, criá-las e recriá-las, isto é, mudanças nas condições técnicas de produção de cultura, mudanças que agem podendo influenciar nas formas de constituição do sujeito social moderno. Desde muito cedo, a criança aprende a conviver e a conciliar uma variedade de informações e tecnologias passando a acumular conhecimentos não só vindos de seu ambiente próximo – pais, grupos de amigos e ou professores –, mas, sobretudo, produzidos pelas mídias. Por isso, é importante enfatizar que as informações e os conhecimentos não são adquiridos unicamente nas relações face a face, com seus pais e professores, como era feito há mais ou menos sessenta anos. Esses novos conhecimentos são adquiridos de maneira não presencial, são adquiridos virtualmente a partir do uso frequente das novas tecnologias.

Ou seja, o aprendizado das gerações atuais se realiza pela articulação dos ensinamentos das instituições tradicionais da educação – família e escola (entre outras) – com os ensinamentos das mensagens, recursos e linguagens midiáticos. A educação contemporânea está vivendo um conjunto de transformações que influenciam a natureza de nossas relações pessoais e sensibilidade e, consequentemente, passam a condicionar as instituições que regulam nosso aprendizado, nossa formação cognitiva, afetiva, psicológica, portanto, nossas percepções sobre o mundo.

A materialidade da cultura midiática

Para concluir este capítulo, é importante lembrar que a cultura não se refere apenas aos aspectos do mundo dos sentidos ou do simbólico. As transformações do mundo moderno são responsáveis pela expansão da presença da cultura não só no imaginário como um sistema de símbolos e códigos, mas implicam também uma série de instituições sociais, econômicas e financeiras que hoje tem a cultura como fonte de divisas e lucro. É preciso, então, ter em mente que falar de cultura hoje resulta vê-la não só em seus aspectos comunicativos, subjetivos e simbólicos, mas é preciso enxergá-la também em sua materialidade, em sua objetividade como um bem de mercado.

Isso não quer dizer que a expansão da cultura se dá apenas no sentido econômico. A expansão também se dá na rapidez com que as informações, os sistemas de sentidos e as ideias circulam.

Hoje é possível chamar a atenção para o fato de que existe um processo de democratização dos sentidos e das informações. Todos têm, virtual e teoricamente, acesso a informações garantidas pela variedade e diversidade dos veículos (TV, rádio, CDs, livros, fotos) e das mensagens (literatura, músicas, imagens) midiáticas.

Mas vale uma última colocação. Estaríamos vivendo em um mundo em que a difusão e a rapidez da informação, em termos globais, levariam todos a uma sociedade homogênea, ou seja, uma sociedade em que todos pensariam igualmente? Estaríamos vivendo sob o domínio e o interesse de uma grande máquina de sentidos, que seriam as mídias? Ou diferenças locais, sociais, éticas etc. seriam os filtros de formas diferenciadas de recepção, apropriação e compreensão dos sentidos e valores propostos?

De minha parte, não creio numa leitura apocalíptica sobre os destinos de nossas vidas. Em outras palavras, acredito nos processos de *reapropriação* e *ressignificação* dos sentidos e conteúdos da cultura das mídias. Os indivíduos que consomem os produtos das mídias não são passivos. Eles interpretam os conteúdos das mensagens a partir de uma bagagem de valores apreendidos em outras instâncias socializadoras.

Síntese

O objetivo deste capítulo foi chamar a atenção para as transformações culturais e educacionais de nosso tempo. Principalmente, mudanças relativas às diferentes instituições socializadoras que passam a fazer parte da nossa vida cotidiana e que influenciam a constituição de um novo homem, condicionam a forma como este homem pensa sobre si mesmo e sobre suas relações com seus semelhantes, bem como agem nas maneiras pelas quais este homem se orienta e constrói a realidade a que pertence.

A proposta aqui, foi problematizar também a afirmação de que a mídia é uma matriz de cultura. Ela produz significados, veicula sentidos e símbolos morais e sociais. Ela, ao oferecer uma carga informativa, tem a capacidade também de propor e impor significados. A cultura aqui é concebida com a capacidade de integrar, manter a comunicação, e, ao mesmo tempo, oferecer um corpo de categorias de pensamento e julgamento.

No entanto, os sistemas simbólicos, as matrizes de cultura, entre elas, as que mais nos interessam aqui – as mídias –, podem servir como instrumentos de dominação. Por exemplo, a linguagem midiática, como parte integrante da cultura das mídias, pode ser mais do que um instrumento de comunicação e integração social. Pode ser um instrumento ideológico, ou, em outras palavras, um instrumento de poder. Todos os atos comunicativos, tais como os discursos e as mensagens, não estão destinados apenas a serem compreendidos, decifrados enquanto entretenimento. São também signos a serem avaliados e às vezes seguidos como comportamentos a serem obedecidos. As linguagens, entre elas a das mídias, não são neutras.

Nesse sentido, alerto para a necessidade de se observar quem faz uso da comunicação midiática, de onde fala e quando fala. A autoridade dos sujeitos e ou das mensagens que têm o poder de se tornar visível pelas mídias são magicamente legitimadas. Portanto, não existem discursos ou mensagens neutros. Ao se conquistar o poder da fala e da imagem, impõem-se simultaneamente as categorias de percepção, impõem-se também a estrutura de um pensamento, uma forma de perceber o mundo. Em síntese, este capítulo chama a atenção para o caráter ideológico que a mensagem midiática pode assumir.

Assim sendo, a imposição do discurso daquele que tem o domínio da fala pode traduzir-se em um *poder simbólico*. Ou seja, o poder de inculcar valores e comportamentos, categorias do conhecimento do mundo, em outras palavras, o poder de impor uma visão de mundo, uma ideologia. Entendo poder simbólico como um poder invisível que se oculta em nossas categorias do pensamento. Só pode ser exercido com a cumplicidade daqueles que não querem ou não têm condições de saber que estão sujeitos a ele.

Dessa maneira, o que interessa salientar é que, conceber a análise dos fenômenos culturais da modernidade contextualizando um momento histórico e social específico, implica conceber esta cultura midiática sendo produzida em uma sociedade hierarquizada, marcada por profundas diferenças sociais, com uma injusta distribuição de poder e privilégios. A concepção estrutural de cultura propõe uma análise em que as relações de poder estejam presentes. Para essa visão, os fenômenos culturais expressam também um terreno de disputa social. Compreender a cultura de nosso tempo é uma pista para compreender a sociedade em que vivemos, seus conflitos, lutas internas, jogos de interesses, medos e fantasias.

Como toda expressão cultural, a cultura da mídia tem a capacidade de fazer um diagnóstico da história de uma época e de uma sociedade. É um documento histórico. A partir das análises de expressões culturais de nosso tempo, podemos observar posições políticas e ideológicas conflitantes.

Segundo essa perspectiva, as produções culturais reiteram relações de poder e também podem fornecer elementos de uma resistência. Seja na ficção, na comédia ou nos noticiários, a análise de cultura proposta aqui compreende os fenômenos culturais a partir da perspectiva das relações de poder. Para mim, essas relações não se esgotam nas diferenças de ordem econômica, as diferenças de classe. Mas estende essas relações de poder a todo tipo de relação social que faz emergir diferenças e assimetrias entre os indivíduos. Dessa feita, sexo, etnia, cor, nacionalidade e religião podem ser instrumentos de poder. Podem, muitas vezes, contextualizar situações de diferença e por extensão de dominação social.

Sugestão de atividade

LEITURA BÁSICA DO CAPÍTULO

THOMPSON, John B. *Ideologia e cultura moderna*. Petrópolis: Vozes, 2000. Capítulo 1 ("O conceito de ideologia") e capítulo 3 ("O conceito de cultura").

HALL, Stuart. *A centralidade da cultura*: notas sobre as revoluções culturais do nosso tempo. Educação & Realidade, Porto Alegre, n. 2, v. 22, jul./dez. 1997, pp. 15-46.

EXERCÍCIO DE SÍNTESE INDIVIDUAL

Toda leitura, para ser bem assimilada e compreendida, precisa passar por um processo de síntese e elaboração escrita. As questões a seguir facilitarão esse processo (pode-se, também, tomá-las como um roteiro de leitura).

THOMPSON, John B. *Ideologia e cultura moderna*. Petrópolis: Vozes, 2000. Capítulo 3 – (O conceito de cultura).
1 – Qual a ideia que autor sintetiza com esta frase?
"Em sentido mais amplo, o estudo dos fenômenos culturais pode ser pensado como o estudo do mundo sócio-histórico constituído como um campo de significados" (p. 165).
2 – Quais são os quatro sentidos básicos da noção de cultura? Faça uma breve exposição sobre eles.
3 – Por que o autor opta por um sentido estrutural de cultura? Como ele a define?

HALL, Stuart. *A centralidade da cultura*: notas sobre as revoluções culturais do nosso tempo. Educação & Realidade, Porto Alegre, n. 2, v. 22, jul./dez. 1997, pp. 15-46.
1 – Como o autor define a "revolução cultural" em seu sentido substantivo, empírico e material?
2 – Como o autor entende o processo de democratização e homogeneização cultural?
3 – Como a "revolução cultural" estimulou transformações em nossa vida cotidiana?
4 – O que o autor entende por *centralidade da cultura*? Qual a relação que esse fenômeno mantém com o processo de construção das identidades e subjetividades dos indivíduos?
5 – O que o autor entende por "virada cultural"?
6 – Qual o papel da linguagem e dos discursos nesse processo?
7 – Faça uma reflexão sobre esta afirmação: "O que aqui se argumenta, de fato, *não* é que 'tudo é cultura', mas que toda prática social depende e tem relação com o significado: consequentemente, que a cultura é uma das condições constitutivas de existência dessa prática, que toda prática social tem uma dimensão cultural. Não que não haja nada além do discurso, mas que toda prática social *tem o seu caráter discursivo*.
8 – Como o autor qualifica a relação entre cultura e poder?
9 – O que o autor entende por desregulação? Quais são as implicações desse processo?

10 – Por que deveríamos nos preocupar com a forma como são regulados os meios de comunicação e suas instituições?

11 – Como a cultura pode regular os comportamentos segundo o ponto de vista de Hall?

TRABALHO EM GRUPO

Os alunos poderiam recolher em revistas variadas fotos relativas à publicidade de crianças do sexo masculino e feminino. A proposta seria identificar os objetos, as roupas, a etnia e a situação em que se encontram os diferentes personagens a fim de perceber que existem em nossa sociedade estereótipos de gênero e etnia reforçados na e pela publicidade. Nesse exercício é possível verificar que nossa cultura se pauta por valores culturais que são transmitidos pelo processo de socialização, valores relativos aos papéis sexuais e étnicos reproduzidos pelas mídias.

Leitura complementar

CHAUÍ, Marilena. *O que é ideologia*. São Paulo: Brasiliense, 1981. (Coleção Primeiros Passos)

DURHAM, Eunice Ribeiro. Cultura e ideologia. *A dinâmica da cultura*. São Paulo: Cosac & Naify, 2004.

GARCIA-CANCLINI, Nestor. *As culturas populares no capitalismo*. São Paulo: Brasiliense, 1983.

ORTIZ, Renato. *A moderna tradição brasileira*. São Paulo: Brasiliense, 1988.

Referências bibliográficas

INSTITUTO ANTÔNIO HOUAISS. *Dicionário Houaiss da Língua Portuguesa*. Rio de Janeiro: Objetiva, 2005.

História do fenômeno e definição de conceitos

Uma breve contextualização histórica

Como vimos no capítulo anterior, o fenômeno da cultura das mídias deve ser caracterizado como um sistema integrado por um mercado de bens simbólicos, todavia, um sistema de mercado fragmentado em uma infinidade de instituições produtoras de cultura. Um sistema empresarial, política e economicamente forte e muito diversificado. Uma estrutura comercial que se fortalece interna e externamente já que tem acesso e visibilidade planetária. Por exemplo, o complexo cinematográfico norte-americano de Hollywood poderia ser considerado um sistema empresarial de produção de bens da cultura. Seus filmes possuem um poder extremamente grande de propagar um estilo de vida e uma estética. Quem não se lembra dos filmes dos anos 1950 em que a valorização do cigarro popularizou o hábito de fumar nas gerações posteriores? Mais recentemente, os filmes de artes marciais, em que os protagonistas expõem corpos "sarados" acabaram por popularizar uma estética visual que encontramos nas ruas e entre muitos alunos. Os filmes da Disney também são importantes, pois são responsáveis pela venda de uma série de cds com a trilha sonora dos seus maiores sucessos, como também possibilitam que uma série de produtos como lancheiras escolares, mochilas, álbuns de figurinhas e biscoitos seja vendida a partir de seus personagens e temas.

No entanto, meu interesse aqui é estudar esse fenômeno de um ponto de vista da educação. Ou seja, proponho compreender a força da cultura das mídias – seus alcances e limites – na construção de um projeto educativo de homem, sua importância no processo de socialização das últimas gerações.

Para refletir sobre esse fenômeno seria necessário, pois, contextualizá-lo sócio-historicamente. E assim surge a pergunta: quais foram os fatores, ou qual o conjunto de fatores que contribuíram para seu surgimento e consolidação?

A cultura da mídia é uma realização da sociedade capitalista. Sua emergência e seu desenvolvimento estão profundamente ligados a uma nova ordem política e econômica específica da modernidade. Ou seja, nasce como produto da industrialização, surge como desdobramento das necessidades de uma sociedade urbana, com grande concentração de grupos sociais de diferentes procedências. Sua emergência se dá no início dos anos 1930, nos EUA, a partir de um investimento maciço em dinheiro, determinação política e a necessidade de integrar um mercado consumidor. Alguns fatores são fundamentais para seu crescimento e consolidação. Aqui serão lembrados apenas dois, tendo em vista a criação de uma classe média urbana, com um nível de conforto econômico e financeiro capaz de garantir um consumo na esfera do lazer e, em segundo lugar, a necessidade de criar um espaço de cultura que integrasse politicamente um público diversificado.

As principais características de sua produção concentram-se no modelo de expansão de um capitalismo de mercado. Concorrência e competitividade, ou seja, a busca constante do lucro acaba por induzir à procura de um público médio. Almeja a ampliação de um mercado consumidor independente das distinções de ordem cultural ou social. Funcionando a partir de um sistema técnico e racionalizado as mercadorias da cultura das mídias conseguem integrar-se em uma diversidade de espaços produtores de cultura – a indústria fonográfica, cinematográfica, editorial (revistas, livros, fascículos, jornais) televisiva, publicitária e virtual. Como se vê, uma produção homogeneizada para alguns ou uma produção segmentada e diversificada para outros. Por exemplo, o sucesso da produção de novelas da Globo permitiu que ela ampliasse sua oferta de bens culturais nas gravações de trilhas sonoras. Ao mesmo tempo, ela faz publicidade de seus atores em revistas que pertencem ao Grupo Globo, mais recentemente e a emissora investiu na produção de filmes tendo como protagonistas seu elenco principal.

Assim, fundamentalmente, o fenômeno da cultura das mídias constrói novos mecanismos de produção de cultura, constituindo um mercado de bens simbólicos (mercadorias de cultura com valor de troca, livros, revistas, filmes, seriados etc.). Uma cultura produzida para o mercado de consumo fácil, ligeiro, efêmero e banal. Base de uma indústria do entretenimento e do lazer, da fruição e do prazer para uns, fonte de alienação e barbárie para outros.

No entanto, seria interessante perguntar: quem são seus responsáveis? Qual a materialidade desse fenômeno e como ele se realiza objetiva e subjetivamente em nossas vidas?

A produção da cultura das mídias tem como seus principais responsáveis empresas e instituições que participam do investimento na produção e na circulação da cultura (por exemplo, Editora Abril, TV Globo, Grupo Folha). Dependem de profissionais contratados para a criação, produção e difusão (técnicos em geral) de uma diversidade de mercadorias culturais, agora vistas como bens culturais e simbólicos que dão lucro, pois são altamente rentáveis. Serve-se também de profissionais que trabalham na promoção e consagração dessas mesmas mercadorias: apresentadores, jornalistas e algumas celebridades. No entanto, nenhum desses esforços teria resultado caso não existisse um elemento primordial nesse mercado. Chamo a atenção para a participação do público consumidor (audiência, gastos de lazer) nessa equação de sentidos.

Esclarecendo alguns conceitos

Para dar início a esse item, é importante apresentar algumas discussões paralelas a fim de reafirmar alguns pressupostos de análise. O tema é bastante polêmico. Apresentar as noções *indústria cultural* e *cultura de massa* é tarefa que necessita de cuidados, o que pede alguns esclarecimentos conceituais e metodológicos. Ou seja, quando se fala em fenômeno da indústria cultural, muitas vezes o conceito é visto como sinônimo de cultura de massa e de comunicação de massa. Entretanto, acho que é hora de precisarmos as diferenças. Além disso, muitos educadores partem de um certo preconceito em relação à proposta dos realizadores da cultura das mídias. Pretendo, aqui desmistificar alguns pressupostos e sugerir uma perspectiva de análise.

Por *meios de comunicação de massa* entendemos um termo que designa os meios tecnológicos, eletrônicos, digitais etc. que propiciam a mediação entre a mensagem (um filme) e o receptor (um jovem de camada popular). Isto é, são os veículos responsáveis pela transmissão de alguma expressão cultural. Exemplo: a imprensa, a TV, o rádio, a internet etc.

Por indústria cultural compreendemos um conceito criado e cunhado por Theodor Adorno e Max Horkheimer, em 1944. Sua primeira utilização foi feita no livro *Dialética do esclarecimento*, em 1947. Trata-se de um termo criado para dialogar *com* e se opor *a* estudiosos de procedência teórica e política distinta dos frankfurtianos. Para Adorno e Horkheimer, o conceito de indústria cultural propunha criticar, denunciar e desmistificar a noção de cultura de massa, fortemente utilizada na ocasião (anos 30 e 40 do século XX) e que expressava uma ideologia da democratização da cultura, isto é, a cultura de uma sociedade igualitária e integrada.

Adorno e Horkheimer procuraram encontrar no conceito de indústria cultural uma noção que designaria, em poucas palavras, a forma de produção de uma falsa cultura; uma forma de produção de cultura que descaracterizaria a cultura (para eles a cultura culta e letrada obtida nos centros eruditos como universidades, conservatórios de música, museus etc.) enquanto fonte de enriquecimento intelectual e espiritual.

Cultura de massa, por sua vez, é um termo que designa um tipo de cultura produzida longe de seus consumidores para sua fruição e entretenimento. Uma cultura consumida em larga escala, que pretende agradar a todos, independentemente das diferenças locais, étnicas, sexuais ou de classe de cada um de seus consumidores. Hoje, o termo cultura de massa parece também ser bastante problemático, já que a ideia de massa é, para alguns, muito discutível. Ou seja, a noção de *massa* pressupõe um aglomerado de pessoas indistintas, ao mesmo tempo heterogêneas, que pouco possuem em comum, além do fato de estarem juntas. Além do mais, o termo pode ter uso contraditório, pois muitas vezes as massas são vistas como passivas, conformadas com seu destino e, ao mesmo tempo, são consideradas violentas e sujeitas a manifestações irracionais.

A ideia de perda da individualidade também está presente nas formulações e representações sobre as massas. Mas será que podemos continuar a usá-la mesmo com uma multiplicidade de grupos, associações e instituições que organizam seus membros segundo interesses bastante distintos? Será que podemos usar o conceito de cultura de massa existindo realidades sociais heterogêneas e hierarquizadas como as da sociedade capitalista? Por exemplo, será que o jovem da periferia de São Paulo tem o mesmo consumo de música do jovem que mora nas zonas centrais da cidade? Será que os professores da rede pública, quando vão ao cinema, escolhem os mesmo filmes que os jovens da periferia?

Penso que não. É necessário estar atento para os conceitos de que lançamos mão, pois eles denunciam o nosso conhecimento ou desconhecimento sobre os fenômenos do mundo que nos cerca. Para os interesses aqui, é preciso afirmar que a realidade contemporânea exige uma outra perspectiva de análise que ajude a compreender nossa atual realidade cultural. Proponho utilizar daqui para a frente o conceito de cultura das mídias como referência ao fenômeno em questão.

Cabe lembrar ainda algumas noções usadas erroneamente como correspondentes. Em muitos momentos, confundimos noções como homogeneização e padronização.

Por padronização compreende-se um esforço da esfera da produção na confecção de mercadorias segundo um padrão único, um padrão adequado às exigências de um mercado global e em larga escala. Ter acesso, em todos os lugares do planeta, a mercadorias fabricadas segundo uma mesma forma não é a mesma coisa que viver em uma estrutura homogênea do mercado e/ou uma estrutura homogênea de preferências individuais. Por exemplo, ter a possibilidade de comprar roupas em lojas como Benetton ou comer em uma lanchonete McDonald's têm significados diferentes em cada país e/ou região e segmento social, de um mesmo país.

Por outro lado, por homogeneização entende-se a tendência à unificação de um gosto, ou seja, um consumo que tem como base um denominador comum. Por exemplo, todos nós, independentemente da nossa condição social, como idade, profissão, nível de escolaridade, sexo, sendo moradores das zonas centrais e ou periféricas da cidade, escolheríamos para consumir o mesmo produto da cultura; ou seja, todos assistiríamos a mesma novela, o mesmo filme, compraríamos o mesmo CD e seríamos fiéis a uma mesma revista. Todavia, sabe-se que essa situação, nas sociedades em que vivemos, é uma ilusão. Diferenças de condições materiais de existência, ou seja, elementos relativos aos determinantes de classe, gênero, etnia, religião são, a todo tempo, filtros dos processos de recepção e ressignificação das mensagens, sejam elas homogêneas ou padronizadas.

Nesse sentido, a perspectiva da segmentação dos mercados consumidores expressaria de maneira mais convincente as demandas singulares e necessariamente marcadas pela história e condição do sujeito consumidor.

Uma perspectiva de análise

Em seu clássico livro *Apocalípticos e integrados*, Umberto Eco já nos alertava para o fato de que o fenômeno da cultura de massa era extremamente controverso a ponto de dividir seus estudiosos em dois grupos bastante distintos. Didaticamente, esse autor sintetizou os debates acerca desse fenômeno em duas vertentes – a vertente dos apocalípticos e a vertente dos integrados. Para ele, os apocalípticos eram fundamentalmente os autores que davam ênfase aos aspectos alienantes e ideológicos da produção das mensagens midiáticas, portanto, enfatizavam os aspectos negativos do fenômeno. Seus maiores expoentes seriam os teóricos da Escola de Frankfurt, nas figuras de Theodor Adorno, Max Horkheimer, Herbert Marcuse e Jürgen Habermas, entre outros.

Tal perspectiva abordaria, em especial, os aspectos relativos à produção técnica da mensagem, as características de padronização e homogeneidade de suas mercadorias e mensagens e, sobretudo, a forma como esses produtos eram passados para o grande público. Em linhas gerais, essa leitura do fenômeno da cultura das mídias foi a mais aceita até os anos 1970. A força e a grande repercussão dessas ideias fizeram com que esses autores ainda estejam presentes nos debates atuais acerca do tema.

> Escola de Frankfurt é o nome pelo qual passou a ser chamado o Instituto de Pesquisa Social de Frankfurt, fundado na década de 1920, na Alemanha, mais especificamente na cidade de Frankfurt. Num ambiente de discussões e pesquisas, autores como Theodor Adorno, Max Horkheimer, Herbert Marcuse, Jürgen Habermas e Walter Benjamin, em intenso diálogo, promoveram uma série de reflexões críticas acerca dos novos mecanismos de produção dos bens da cultura. Na década de 1930, em função da perseguição realizada contra o povo judeu, pelo regime nazista, na ocasião da Segunda Grande Guerra, muitos desses estudiosos tiveram que fugir da Alemanha e emigraram para a Inglaterra e os Estados Unidos.

Por outro lado, Umberto Eco lembra ainda uma outra abordagem. Trata-se da perspectiva dos integrados. Ou seja, autores que, em tese, dariam ênfase aos aspectos da produção e dos conteúdos midiáticos que serviriam como elementos de integração de uma cultura comum em uma sociedade constituída de públicos diversos. Mais especificamente, esses autores chamariam a atenção para o processo de democratização da cultura possibilitado pela produção em larga escala de bens da indústria da cultura. Para eles, era importante refletir sobre a ampliação do acesso a informações veiculadas pelas mídias e seu potencial de abrir oportunidades, democratizar e nivelar os grupos sociais no tocante à cultura. Entre seus maiores expoentes, poderíamos citar autores norte-americanos provenientes da Escola de Chicago. Esses autores divulgaram uma perspectiva que trazia à tona uma positividade do fenômeno.

> Desde a década de 1910, nos Estados Unidos, os estudos relativos à comunicação encontravam-se ligados ao projeto de construção de uma ciência social sobre bases empíricas. A Escola de Chicago é sua sede. Entre 1915 e 1935, as contribuições mais importantes dos pesquisadores da Escola de Chicago são consagradas à questão da imigração e da integração dos imigrantes na sociedade americana. É a partir dessas comunidades étnicas que alguns se dedicam a compreender a função de integração cultural a partir dos jornais e demais produtos da cultura da mídia.

Lembro ainda um conjunto de estudos que marcou o debate acerca do fenômeno da cultura de massa. Seriam aqueles que tenderiam a ver na produção da cultura das mídias um espaço de manifestação da cultura popular e ou um espaço de resistência e ou de criação de novos valores morais e comportamentais por ela veiculados. Richard Hoggart, Raymond Williams, Stuart Hall, bem como estudiosos que divulgaram a perspectiva dos Estudos Culturais da Escola de Birmingham são seus maiores representantes.

> Escola de Birmingham é o nome dado ao conjunto de autores que trabalharam em torno de uma nova perspectiva denominada Estudos Culturais. Essa corrente de pensamento irá se desenvolver nos anos 1960 e 1970 sob o nome de *Cultural Studies*. Em 1964, é fundado, na Universidade de Birmingham, na Inglaterra, o Centre of Contemporary Cultural Studies (cccs), centro de estudos sobre as formas, práticas e instituições culturais e suas relações com a sociedade. Richard Hoggart é seu primeiro diretor. Em 1968, Stuart Hall assume seu lugar até 1979. O Centro conhece seu auge

> durante o período em que consegue reunir uma série de influências em diferentes áreas de pesquisa (etnografia, teoria da linguagem, literatura, entre outras) e veicular seus trabalhos a questões polêmicas como o movimento social do feminismo.
>
> Richard Hoggart, nascido em 1918, foi professor de literatura inglesa moderna. Sua obra *A cultura dos pobres* é um marco nessa área, pois traz um elogio às formas de vida tradicionais das comunidades da classe operária de onde ele tem origem, formas de cultura que resistem à cultura comercial, bem como fazem uma crítica severa às expressões da cultura de massa.
>
> Raymond Williams, professor de teoria literária, nascido em 1921, veio a falecer em 1988. É autor de *Cultura e sociedade*, entre outros. Para ele, a cultura deve ser vista como um processo global por meio do qual as significações são social e historicamente construídas.
>
> Stuart Hall, nascido em 1932, ainda em plena atividade acadêmica, é responsável por uma série de discussões que nega o caráter ideológico de todas as produções e mensagens da cultura das mídias. Mais precisamente, tem se dedicado às transformações culturais desencadeadas pelo processo de globalização. Entre seus temas de pesquisa está a questão da identidade social.

Dando ênfase aos aspectos relativos à recepção das mensagens, aos usos variados dos meios e de seus conteúdos, e consequentemente às formas diferenciadas de apropriação das mensagens, esses autores ampliaram as perspectivas de análise do fenômeno da cultura das mídias bem como questionaram as ideias até então aceitas na área. Sem enaltecer ou criticar aspectos do fenômeno, problematizaram suas realizações e utilizações sem perder o aspecto político e ideológico que esta manifestação da cultura poderia ter.

Contudo, a meu ver, considero que a melhor perspectiva de análise é tentar conciliar todas estas contribuições. É preciso tomar o fenômeno da cultura das mídias em suas três dimensões – a produção, a difusão e a recepção.

Sugiro que a melhor opção é articular os elementos acima descritos, pois só assim será possível penetrar na complexidade do fenômeno da cultura das mídias. É certo que podemos enfatizar uma ou outra dessas dimensões, no entanto, ao enfatizar uma delas não se pode esquecer de que se tratará sempre de uma compreensão parcial. Evitar leituras unilaterais e simplistas é o mais prudente. Considerar a realidade do fenômeno midiático exige que não se tome partido por uma ou outra visão, exige um controle no sentido de não emitir juízos de valor. É necessário, assim, conceber o fenômeno da cultura das mídias como essencialmente ambíguo e contraditório.

Síntese

Este breve capítulo teve como intenção esclarecer, de maneira bastante sucinta, o contexto sócio-histórico de surgimento da cultura das mídias. Mencionei, também, sobre as diferenças entre as noções de indústria cultural, cultura de massa, meios de comunicação de massa, padronização e homogeneização a fim de esclarecer algumas imprecisões conceituais que muito prejudicam entendimento sobre o fenômeno midiático.

Como se trata de um capítulo de definições, não proponho nenhum tipo de atividade. Todavia, a leitura atenta da bibliografia que segue é recomendável.

Leitura complementar

COHN, Gabriel (org.). *Comunicação e indústria cultural*. São Paulo: Companhia Editora Nacional, 1977.
KELLNER, Douglas. *A cultura da mídia*. Bauru: Edusc, 2001.
LÉVY, Pierre. *As tecnologias da inteligência*: o futuro do pensamento na era da informática. São Paulo: Editora 34, 2002.
ORTIZ, Renato. A Escola de Frankfurt e a questão da cultura. *Revista Brasileira de Ciências Sociais*. São Paulo: Anpocs, 1986, n. 1, v. 1, pp. 43-65. Disponível em: <http://www.anpocs.org.br/portal/publicacoes/rbcs_00_01/rbcs01_05.htm>. Acesso em 13 jan. 2010.
ORTIZ, Renato. Cultura, comunicação e massa. *Um outro território*: ensaios sobre a mundialização. São Paulo: Olho D'Água, 1997.

A perspectiva da Escola de Frankfurt

A perspectiva frankfurtiana

> Theodor Adorno nasceu em 1903, em Frankfurt (Alemanha), e desenvolveu sua carreira entre os continentes europeu e americano, mais precisamente nos Estados Unidos, Inglaterra e Alemanha. Em função da perseguição nazista, foi forçado a deixar seu país natal e emigrar para a Inglaterra e posteriormente para os EUA, nos anos 30 do século XX. Voltou para a Alemanha nos anos 1950 e morreu em 1969, profundamente desgostoso com os desdobramentos do movimento estudantil de 1968 na Europa. Max Horkheimer, também alemão, nasceu em 1895 e morreu em 1973. Tal como seu colega, em 1934, foi obrigado a se transferir para os EUA em função da perseguição política aos judeus. Durante muito tempo, foi diretor do Instituto de Pesquisa Social, centro de pesquisa mais conhecido como Escola de Frankfurt, fundado na década de 1920 (1924), na Alemanha. Seus trabalhos mais conhecidos foram publicados nos anos de exílio junto com Adorno, em especial a construção de uma teoria crítica da cultura, cujo símbolo mais conhecido é o conceito de indústria cultural.

Para alguns estudiosos, a importância da produção da Escola de Frankfurt e suas publicações residem na sua continuidade em relação ao marxismo e à ciência social que fazia crítica ao capitalismo da época. Essa posição teórica crítica à sociedade burguesa foi desenvolvida tendo como pano de fundo as experiências terríveis e contraditórias do nazismo e da Guerra Fria dos anos 1930 e 1940, na Europa, e principalmente na Alemanha de Adolph Hitler.

No livro *Dialética do esclarecimento*, escrito em 1944 e publicado em 1947, nos EUA, Adorno e Horkheimer usam pela primeira vez o termo indústria cultural. De formação erudita, esses autores são os primeiros estudiosos a refletir criticamente sobre o destino e as características da cultura moderna. Fazem uma crítica à forma pela qual a cultura do entretenimento e as maneiras de difundir as informações estavam assumindo. Para eles, a racionalidade comercial e tecnológica da sociedade burguesa teriam dominado todas as esferas da vida. A crença no poder do progresso e na racionalidade do trabalho como produtores unicamente de riqueza material estariam presentes não só nas relações econômicas e políticas, mas estariam determinando novas formas de vida bem como uma nova forma de pensar.

Para eles, toda a sociedade estaria imersa em uma visão de mundo ideológica, pois só atenderia aos interesses dos capitalistas, donos da razão e dos destinos do progresso técnico. O homem comum estaria voltando ao seu estado de incivilizado e bárbaro, pois teria perdido a dimensão crítica desse processo de desenvolvimento e produção de riqueza a qualquer custo. Todos estariam envoltos em uma névoa, em uma crença no poder da técnica e do cálculo como responsáveis pelo desenvolvimento das nações e povos. Todos estariam dominados por um novo mito: o mito da racionalidade tecnológica. Para os teóricos da Escola de Frankfurt, a produção racional da cultura característica da sociedade burguesa estaria totalmente submersa em uma realidade falsa, não verdadeira, e a indústria cultural seria sua expressão máxima.

Adorno e Horkheimer procuram, com essa leitura, denunciar que a cultura do entretenimento, produto da estrutura econômica de mercado, não se realizaria em um sentido de favorecer a crítica; para eles, a cultura produzida em moldes industriais não promoveria um espaço para a reflexão sobre os problemas políticos da época, como o preconceito étnico, pois favorecia apenas o entretenimento. A cultura como espaço de crítica ou como capacidade reflexiva estaria impedida de exercer essa função devido à versão ilusória promovida pelos produtos da indústria cultural.

Sendo produzida segundo a lógica do puro entretenimento e da sedução, a indústria da cultura se desdobraria em pura manipulação ideológica a favor da manutenção de uma sociedade autoritária. Ou seja, Adorno e Horkheimer denunciavam uma nova forma de dominação e controle da sociedade via processo de produção das mercadorias do entretenimento. Para eles, estávamos presenciando a emergência de uma sociedade controlada pelo mito moderno da razão e do progresso. Segundo os autores, a Teoria Crítica da Cultura teria o papel de denunciar a possibilidade de alienação que todos estavam sujeitos ao participarem dessa nova ordem.

Vale ressaltar, contudo, que a maior parte da produção teórica desses autores foi inspirada pelos movimentos populares na Alemanha nazista e totalitária, bem como motivada pela experiência da forte indústria do consumo norte-americana. Para eles, a cultura produzida em um modelo industrial e difundida massivamente tem um caráter homogeneizador. Perde sua capacidade de reflexão, não investe em um tempo para uma maturação intelectual e ou de tomadas de posição crítica. Na tentativa de agradar a todos, dedicam-se à produção de uma mercadoria de média dificuldade de entendimento, buscando alcançar um consumidor médio. Nivelando sua produção a um denominador único, qual seja, a maior audiência, a indústria da cultura teria todas as chances de despolitizar e banalizar os conteúdos culturais. Assim, poderíamos afirmar que a leitura que Adorno e Horkheimer tinham a respeito da noção de cultura era bastante específica. Como podemos verificar, bastante distinta daquela discutida no capítulo "Mídias: uma nova matriz de cultura". Para eles, a cultura seria o único espaço que poderia promover o crescimento intelectual, cognitivo e espiritual dos homens, o único espaço de crítica de situações injustas promovidas pela ordem social capitalista.

Por último, saliento que o conceito de indústria cultural faz parte de um esforço intelectual para discutir as contradições do mundo moderno. Profundamente críticos, esses autores possuem uma visão negativa sobre o fenômeno da indústria da cultura. Para eles, essa nova forma de fabricar cultura é um engodo que tem como princípio a dominação e a manipulação. Um controle ideológico mais sofisticado, pois se esconde no véu do progresso técnico e do entretenimento.

A indústria cultural seria, por si só, um conceito que carregaria a ideia de indignação a indústria no sentido de engodo, falácia, enganação e cultura produzida a partir de um modelo industrial, algo impensável para seus autores.

Para finalizar a discussão sobre a contribuição desses autores, gostaria de apresentar algumas ponderações. Ao fazer a crítica é necessário ter alguns cuidados. Ou seja, é preciso estar atento para o fato de que Adorno e Horkheimer não estavam se referindo aos conteúdos da produção das mídias especificamente, mas refletindo sobre a natureza da cultura moderna. Estariam denunciando um tipo de formação cultural, a cultura na sociedade burguesa, comprometida com o espírito do capitalismo promovido por regimes totalitários como os de Hitler, na Alemanha.

No capítulo "História do fenômeno e definição de conceitos", deixo claro que os autores, ao construírem o conceito de indústria cultural, tinham a intenção de expressar uma ordem de reflexões críticas de caráter filosófico, conhecidas posteriormente como Teoria Crítica da Cultura. Esses autores vinham dialogar e questionar um conjunto de ideias progressistas e profundamente ilusórias da realidade da cultura moderna, tal como aquela relativa à natureza democrática de acesso a cultura por todos os grupos sociais.

Nesse sentido, ao falar das contribuições desses autores, não podemos esquecer que a intenção era fazer uma crítica radical, ou seja, uma crítica que desse conta das raízes e dos princípios que norteavam as mudanças de ordem cultural em meados dos anos 1930 e 1940 na Europa e, depois, de maneira mais expressiva, nos Estados Unidos dos anos posteriores.

Posto isso, é possível afirmar que a atualidade do conceito continua válida. A construção crítica que deixaram ainda serve como um instrumento de leitura para a realidade contemporânea. Mais do que isso, ela serve para pensar a extensão ampliada do fenômeno da mídia, com novas frentes de produção e circulação da cultura como a internet e outras comunicações virtuais, como o fax, os processos didáticos a distância e outros fenômenos paralelos.

Possíveis críticas ao pensamento dos frankfurtianos

O pensamento de Adorno e Horkheimer fez muitos discípulos. Contudo, nem todos o usaram com o devido cuidado. É possível ver uma série de banalizações de suas afirmações. A intenção aqui é chamar a atenção para alguns pontos na obra desses autores que nos dão pistas dos limites práticos e teóricos de suas análises.

Uma das principais críticas é sobre o caráter elitista de suas análises. Ao apresentar o conceito de indústria cultural, foi possível explicitar o entendimento que tinham do conceito de cultura. Para eles, cultura não significaria um sistema de símbolos e formas simbólicas que expressam a realidade e o entendimento de um povo sobre a vida cotidiana. Compreendiam cultura como espaço de criação, reflexão e emancipação da humanidade. Espaço destinado à produção do conhecimento em que se pode refletir e ir além da realidade que nos rodeia. Espaço, sobretudo, de crítica e transformação.

Nesse sentido, é como se trabalhassem com uma concepção estreita de cultura. Viam-na como um espaço de produção com acesso restrito e destinado para poucos. Somente a arte erudita e a filosofia poderiam exercer essa função. Consequentemente, não compreendiam como cultura outras formas de expressão, principalmente as que fugiam de sua definição, como a arte popular ou a arte para a diversão. Somente as manifestações culturais que elevassem os espíritos, que tivessem como intenção ir além da realidade imediata ou que trouxessem conhecimentos e desdobramentos reflexivos poderiam ser consideradas as verdadeiras formas de criar, consumir e difundir cultura.

Assim sendo, a cultura como simples fruição, prazer e entretenimento era vista como uma cultura menor, pois alienante. Não cumpriria sua função reflexiva, de autoentendimento e de crítica social. Uma cultura da diversão estaria a serviço dos dominantes, das camadas burguesas e sua dominação de ordem material e simbólica. Uma cultura que traria o conformismo e que, portanto, ocultaria a realidade dos interesses dos capitalistas.

Uma segunda consideração que poderia ser feita de ordem mais geral. Ou seja, ao fazerem uma crítica à ideia de progresso, os expoentes da Escola de Frankfurt generalizaram o entendimento de que todas as técnicas e os meios tecnológicos estariam envoltos em uma nova dominação. Todos os veículos de cultura estariam comprometidos com a lógica da racionalidade burguesa. Procedendo as análises por meio desse prisma limitam uma visão sobre o potencial e os usos diferenciados das técnicas como o cinema, a fotografia e ou a TV. Generalizaram e homogeneizaram todas as formas de expressão da cultura das mídias em dominação, quando essas eram apenas um uso histórico e determinado dos meios. Não deixaram margem para pensar a especificidade de cada ramo da indústria cultural. As diferenças essenciais entre ramos como o editorial e o televisivo, por exemplo, e as diferenças entre os públicos e suas mensagens não tiveram muito espaço em suas análises.

Os estudiosos frankfurtianos não se deram conta, portanto, das particularidades de ordem técnica do processo de criação e produção de uma variedade de mercadorias como o cinema e a fotografia, por exemplo. O trabalho artesanal e ou de equipe, o tempo necessário para sua produção bem como o tipo de uso de cada um deles pelo público consumidor.

Como desdobramento, podemos afirmar que os teóricos frankfutianos não deram importância para as distintas formas de agrupamentos sociais como as classes e suas diferenças de cultura. As classes e/ou a luta de classes não ocuparam um papel de destaque em suas reflexões. Para eles, o novo sujeito social seria a *massa*. O fenômeno da cultura moderna faria, pois, acabar com as diferenças entre os indivíduos e seus grupos de pertença. A cultura moderna homogeneizaria a todos. Todos teriam o mesmo repertório ou bagagem cultural. Todos passariam pelas mesmas experiências de apropriação dos produtos midiáticos.

Dessa forma, a indústria cultural teria o monopólio na formação das consciências, pois atingiria a todos igualmente, reduziria a participação ativa dos grupos sociais e ou dos indivíduos. Em linhas gerais, então, todos aceitariam passivamente a dominação da sociedade burguesa ao consumir seus produtos de entretenimento. Por exemplo, ao assistirmos às novelas na TV estaríamos mergulhados em um mundo de ilusão, romance e luxo e distantes da realidade do desemprego e da violência das grandes cidades. As horas dedicadas ao lazer seriam horas de reposição das nossas forças e energias esgotadas pelas exigências de uma sociedade do trabalho.

A cultura burguesa, essa nova forma de ideologia presente em todas as esferas da vida, ou seja, presente no trabalho e no tempo livre do entretenimento, serviria como um cimento social que enrijeceria a todos em uma única forma de dominação. Não haveria espaço para resistência e ou transformação cultural.

Outro expoente da Escola de Frankfurt – Walter Benjamin

> Walter Benjamin é um dos mais conhecidos teóricos do Instituto de Pesquisa Social de Frankfurt. Nascido em Berlim, em 1882, judeu, morreu na fronteira da Espanha com a França em 1940, numa tentativa de fuga da ameaça nazista. Dedicou grande parte de seus estudos à área da crítica de arte e cultura erudita. Como muitos estudiosos judeus, Walter Benjamin sofreu preconceitos em relação a sua origem, vendo-se afastado da regularidade de uma vida acadêmica institucional. Dedicou-se então à crítica jornalística, escrevendo ensaios e fazendo traduções. Nessa ocasião, escreveu o que ainda hoje é considerado obra de referência sobre a cultura moderna.

Nosso interesse na contribuição desse autor é que ele apresenta uma discussão muito atual. Isto é, ele observa e analisa as transformações técnicas das imagens não como um fenômeno negativo, tal como visto em Adorno e Horkheimer. Para ele, a técnica revela um novo estágio, uma evolução da cultura moderna que dá origem a uma nova forma de apreender, usar e usufruir a arte. Walter Benjamin fala sobre um novo *sensorium*. Ou seja, uma maneira de se apropriar das imagens que se afasta dos usos tradicionais e rituais da cultura erudita.

Para ele, esse novo *sensorium* seria uma forma emancipada de perceber e conferir ao olhar uma dimensão reflexiva. No cinema, encontraríamos o exemplo característico dessa nova mobilização dos usos da arte e da imagem. Para esse teórico, o cinema e a sua profusão de imagens, a partir de suas expressões simbólicas, imporiam uma nova forma de receber e perceber as representações sobre o mundo. Por exemplo, ao assistirmos a um filme estaríamos expostos a um conjunto de recursos de imagem, (os muitos planos de filmagem), de som, de efeitos especiais, bem como a articulação de todos eles que resultariam em uma multiplicidade de entendimentos a respeito da história e do tema a ser narrado.

A discussão de Walter Benjamin apresenta, sobretudo, uma reflexão estética, entendendo estética enquanto sensibilidade. Isto é, serve-se da arte cinematográfica para explorar filosófica e esteticamente um novo tipo de comportamento sensitivo. Explora os desdobramentos de uma nova sensibilidade, específica dos tempos modernos, chamando a atenção para as mudanças de nosso aparelho perceptivo e cognitivo a partir da evolução e das transformações técnicas de produção da cultura. Ou seja, ao se entrar em contato com um número variado e constante de estímulos visuais, por exemplo, em um videoclipe, nos jogos eletrônicos ou nos hipertextos da internet, estimularíamos também nossa capacidade de compreensão intelectual, cognitiva e moral de uma variedade de referências de cultura e linguagens. Teríamos ampliado nossa bagagem de cultura e potencializado entendimentos acerca do que foi proposto.

Explicita, em sua discussão, que se as ferramentas culturais, os suportes e/ou recursos culturais são alterados para se produzir uma música, um texto ou uma imagem, e se é possível introduzir mudanças na forma de produção e reprodução das técnicas artísticas, muda-se necessariamente o produto da cultura. Em outras palavras, as mudanças na estrutura e nas tecnologias da produção da cultura mudam necessariamente a estrutura da percepção e da compreensão humana, na estruturação de um novo *sensorium*. Para ele, a percepção humana é condicionada historicamente, portanto, se as condições sociais de produção de cultura são mudadas, muda-se simultaneamente a percepção sobre ela.

As transformações na técnica da reprodução poderiam, para o autor, abrir brechas para uma emancipação, para o pensamento crítico, pois ampliariam a capacidade perceptiva e cognitiva. Diferente de seus colegas da Escola de Frankfurt, Walter Benjamin aponta para a condição ambígua da técnica. Em seu texto "A obra de arte na era de sua reprodutibilidade técnica", aborda os usos ideológicos que o nazismo faz das novas técnicas, mas historiciza seu uso.

Para Walter Benjamin, a técnica aproxima os indivíduos, aproxima as massas da arte. As novas técnicas de produção da cultura deixam de conferir à arte um caráter uno e sagrado. Por exemplo, a obra de arte não estaria apenas nos museus. O rosto de *Gioconda*, a *Monalisa* de Leonardo da Vinci, poderia estar nos ímãs de geladeira, nos cartões postais ou em um quebra-cabeça para crianças. Para ele, a evolução técnica desperta e amplia nossa sensibilidade. Oferece as condições de apropriações e usos diferenciados de um mesmo objeto. Anteriormente, a arte tradicional e convencional impunha uma única forma de devoção e compreensão imagética.

Ou seja, a técnica característica básica da indústria da cultura age na reprodução da arte ou da imagem aguçando a sensibilidade ótica, ampliando a esfera do conhecimento, disponibilizando novas compreensões do mundo. Clássicos da literatura poderiam ser adaptados pelo cinema e todos poderiam usufruir dos olhos de ressaca da Capitu, personagem da obra *Dom Casmurro*, de Machado de Assis. Assim, motivados pela indústria da cultura, poderíamos ir em busca de mais informações sobre o Museu do Louvre, entrar em seu site e visitar virtualmente seu acervo, como poderíamos comprar uma gravura da Monalisa e enfeitar a nossa casa.

Mais do que a ampliação dos usos disponibilizados pela reprodução técnica, Benjamin considera que a arte, ao sair da esfera de um uso único, ao ingressar no mundo do mercado, acaba por construir uma autonomia própria, pois possibilita uma multiplicidade de sentidos e significados. Posto isso, não confere a esse processo um caráter negativo. Ao contrário, tenta explorar essa nova condição de apropriação de símbolos culturais enfatizando seu potencial criador.

Para ele, portanto, a técnica oferece um novo equilíbrio entre o homem e a máquina. As técnicas de reprodução da indústria da cultura estariam a serviço do homem e de sua ampliação perceptiva. As imagens do cinema, ao chocar o espectador, aguçariam sua percepção, podendo induzi-lo a uma maior compreensão; incentivariam a multiplicação de seus sentidos. As imagens ofereceriam em sua fragmentação a realização concreta e materializada da experiência moderna do homem. Enfim, a técnica ampliaria o conjunto de conhecimentos e de experiências alheias, virtuais, distantes das relações face a face.

É por isso que, para ele, o cinema expressa a sensibilidade moderna. Expõe a pluralidade de modelos, estilos, linguagens, estímulos e reações. Para Walter Benjamin, o olhar é o sentido da modernidade. A arte, a reprodução da arte e das imagens, penetra nas massas como a arquitetura. A variedade das imagens envolve os indivíduos em todos os seus sentidos.

Por fim, consideramos que as discussões de Walter Benjamin podem também auxiliar nas reflexões educativas que envolvem a cibercultura. A bibliografia recente que trabalha com o tema aponta a mudança gradual, mas certeira, de que a internet e seus jogos interativos implicam o desenvolvimento de um novo *sensorium*.

Síntese

Este capítulo teve como intenção contextualizar o fenômeno da cultura das mídias apresentando uma das principais protagonistas desse debate, a Escola de Frankfurt. Começamos pelas contribuições de Theodor Adorno e Max Horkheimer, emblematicamente explicitadas pelo conceito de indústria cultural.

Após a exposição dos principais aspectos que caracterizam o fenômeno da cultura das mídias a partir do referencial frankfurtiano, apresento alguns de seus limites e alcances teóricos.

Como contraponto a essa versão mais filosófica e crítica da realidade da cultura midiática, foram incluídas as contribuições de um personagem importante nesse debate, Walter Benjamin. A partir de um outro ponto de vista, esse autor nos ajuda a ampliar a visão sobre os determinantes de uma realidade de cultura reproduzida pelas tecnologias. Ao chamar a atenção para uma nova sensibilidade intelectual do homem moderno, alerta para uma nova categoria de análise – *sensorium*.

Por fim, vale um último alerta. Ainda que os principais instrumentos de análise tenham sido objetos de nossa atenção, não esgotamos o entendimento sobre o assunto. A síntese deve ser feita por cada um dos leitores após a imersão dos textos indicados como bibliografia básica.

Sugestão de atividade

LEITURA BÁSICA DO CAPÍTULO

Adorno, Theodor; Horkheimer, Max. A indústria cultural. In: *Dialética do esclarecimento*. Rio de Janeiro: Zahar, 1996, pp. 113-56.

Adorno, Theodor; Horkheimer, Max. A indústria cultural. In: *Theodor Adorno*. São Paulo: Ática, 1986, pp. 92-99. (Coleção Grandes Cientistas Sociais)

Benjamin, Walter. *A obra de arte na era de sua reprodutibilidade técnica*. São Paulo: Abril, 1983, pp. 165-96. (Coleção Os Pensadores)

Benjamin, Walter. A obra de arte na era de sua reprodutibilidade técnica. In: *Obras escolhidas*: magia e técnica, arte e política. São Paulo: Brasiliense, 1996.

EXERCÍCIO INDIVIDUAL DE ESCRITA OU ROTEIRO DE LEITURA

Adorno, Theodor; Horkheimer, Max. A indústria cultural. (escolher uma das edições citadas)

1 – Como o autor define indústria cultural?

2 – Quais as principais características da indústria cultural? Cite pelo menos quatro.

3 – Como o autor define o receptor das mensagens?

4 – Como o autor definiria a produção e o produtor cultural?

Benjamin, Walter. *A obra de arte na era de sua reprodutibilidade técnica*. (escolher uma das edições citadas)

1 – Qual o objetivo do autor nesse texto?
2 – Qual seu principal argumento?
3 – É possível perceber com quem ele está dialogando? Quem seria?
4 – Quais as conclusões finais do texto?

PROPOSTA DE TRABALHO EM GRUPO

Os membros do grupo devem assistir a uma mesma edição do "Jornal Nacional", telejornal de maior audiência no sudeste brasileiro. O exercício será descrever de maneira detalhada e registrar por escrito quais os destaques daquele telejornal.

Após o registro, os membros do grupo, um de cada vez, devem apresentar a leitura que fizeram acerca das mesmas notícias.

O objetivo dessa atividade é evidenciar que cada receptor recebe, se apropria e exterioriza seu entendimento de maneira diferenciada, se comparado aos demais. Nenhuma mensagem é recebida de maneira homogênea.

Esse mesmo exercício pode ser usado a partir da assistência de um filme ou de uma novela de grande sucesso. O que será que atrai cada um de nós nessas programações?

O mesmo exercício pode ser aplicado para indivíduos de gerações diferentes. O que será que um jovem da escola pública apreende de uma edição do "Jornal Nacional", da TV Globo, se comparado à maneira de apropriação de seus professores?

Leitura complementar

LIMA, Luis Costa (org.). *Teoria da cultura de massa*. Rio de Janeiro: Saga, 1969.
MATELLART, Armand; MATELLART, Michèle. *História das teorias da comunicação*. São Paulo: Loyola, 1999.
ORTIZ, Renato. A Escola de Frankfurt e a questão da cultura. *Revista Brasileira de Ciências Sociais*. São Paulo: Anpocs, 1986, n. 1, v. 1, pp. 43-65. Disponível em: <http://www.anpocs.org.br/portal/publicacoes/rbcs_00_01/rbcs01_05.htm>. Acesso em 13 jan. 2010.

A perspectiva da integração da cultura

Este capítulo tem como intenção apresentar o fenômeno da cultura das mídias a partir de uma outra perspectiva de análise. Trataremos aqui das contribuições de Edgar Morin.

> Edgar Morin, ainda em plena atividade acadêmica, é francês, sociólogo, nascido em 1921. Hoje ocupa a posição de diretor emérito de pesquisa no Centro Nacional de Pesquisa Científica (CNRS), em Paris, e é presidente da Agência Europeia para a Cultura (Unesco). Em 1960, junto com outros pesquisadores franceses, Edgar Morin fundou o Centro de Estudos das Comunicações de Massa (CECMAS), no interior da Escola Prática de Altos Estudos, em Paris. Nesse período, sua produção intelectual é expressiva, marcada pela publicação dos livros *O cinema ou o homem imaginário* (1956), *As estrelas* (1957) e o *Espírito do tempo* (1962), todos já traduzidos para o português.

Estudioso atento das manifestações da realidade do século que se passou, Edgar Morin ainda vem trabalhando no sentido de oferecer uma interpretação sobre a cultura da atualidade. Contudo, aqui iremos abordar apenas as contribuições teórico-metodológicas de seu livro *Cultura de massa no século XX: o espírito do tempo – v. 1 – Neurose*. Editado na década de 1960, na França, esse livro, em meu ponto de vista, trouxe novas luzes para a compreensão da contraditória configuração de cultura que as sociedades modernas e ocidentais estavam vivendo com a emergência de novas tecnologias de produção e difusão da cultura.

Meu interesse em trabalhar as contribuições de Edgar Morin refere-se, sobretudo, à sua perspectiva relacional e dialógica do fenômeno da cultura das mídias. Autor de talento invejável, ele apresenta nesse livro um texto profundamente criativo; consegue circunscrever o fenômeno da cultura das mídias não abdicando de um certo tom de ironia e crítica a alguns setores da intelectualidade que até então insistiam em ver a questão cultural de maneira maniqueísta. Considero que essa obra sintetiza uma ampliação bem como uma complementação em relação às análises anteriores.

De maneira sistemática, introduz a questão dos meios de comunicação de massa e seus desdobramentos na esfera da cultura trabalhando com as noções de complexidade e ambiguidade. Observa a realidade da cultura de massa oferecendo uma perspectiva complementar à vista anteriormente nos escritos de Adorno, Horkheimer e Benjamin, pois não desconsidera as importantes contribuições desses autores como a própria ideia de indústria cultural. No entanto, é possível ver um diálogo intenso e tenso entre eles. Os usos repetidos das palavras alma, espírito, sujeito, identificação, projeção, dialética, diálogo e imaginário são um apelo a análises que fogem dos determinismos mecanicistas e materialistas que dominavam os estudos de cultura até então.

Ou seja, como vimos no capítulo "A perspectiva da Escola de Frankfurt", para Theodor Adorno e Max Horkheimer o conceito de indústria cultural propunha criticar, denunciar e desmistificar a noção de cultura de massa, fortemente utilizada na ocasião (anos 30 e 40 do século XX) e que expressava uma ideologia da democratização da cultura, isto é, a cultura de uma sociedade igualitária e integrada.

A partir de uma visão interdisciplinar, sua obra *Cultura de massa no século XX: o espírito do tempo* traz um breve panorama de uma das marcas de seu trabalho. Livro versátil, faz um diálogo constante com a sociologia da religião, a mitologia, a antropologia e a psicanálise já alertando para a complexidade de fatores que envolvem a produção de cultura das sociedades modernas. Seu talento está em trabalhar temas polêmicos articulando vários pontos de vista que, como veremos, aparentemente se opõem, mas que na realidade se complementam. É profético também, pois ao escrever esse livro em meados do século passado, já diagnostica elementos desse contexto de cultura que só ficariam claros a uma grande parte da intelectualidade no final do século xx. Ou seja, a cultura moderna como uma cultura híbrida, pois seria resultado de muitas influências (religiosa, escolar etc.), ainda que em muitos momentos hierarquizada, pois ainda revelaria marcas de uma sociedade injusta e com desigual distribuição de poder e privilégio.

Mas creio necessário chamar a atenção para um passo decisivo que Edgar Morin lança no processo de compreensão do fenômeno da cultura de massa, deslocando e descentralizando o campo de investigações da produção das mensagens para o eixo da relação das mensagens e o sujeito receptor.

Para Morin, é preciso estar atento para o diálogo entre o público consumidor e a cultura das mídias.

> É preciso seguir a cultura de massa, no seu perpétuo movimento da técnica à alma humana da alma humana à técnica, lançadeira que percorre todo o processo social. Mas ao mesmo tempo é preciso concebê-la como um dos cruzamentos desse complexo de cultura, de civilizações e de histórias que nós chamamos de século xx. (Morin, 1984: 21)

Em outras palavras, mais precisamente, para Edgar Morin, a cultura das mídias (ainda que ele não utilize esse conceito) pode ser compreendida como uma resposta a demandas de um público, agora constituído por uma variedade de grupos sociais heterogêneos. Como citado anteriormente, partindo de uma perspectiva dialógica e relacional, esse autor considera que a cultura de massa é resultado de um diálogo e mantém uma relação intensa com um público que vive em um contexto cultural específico. Poderíamos nos perguntar: qual contexto? Um contexto moderno, capitalista e com produção industrial de cultura.

No entanto, vale salientar que, para Morin, não é a cultura de massa que cria as grandes audiências. Não é a cultura de massa que propõe uma realidade ilusória ou que produz a alienação das mentes tal como poderia ser atribuído ao referencial frankfurtiano. É o trabalho exaustivo e sem sentido ou, em suas palavras, o trabalho em migalhas que o faz. Não é a cultura de massa que cria o sensacionalismo e o grotesco. Esses são gêneros narrativos, ou seja, maneiras específicas de narrar acontecimentos ou histórias há muito presentes nas culturas populares.

A cultura de massa dialoga, portanto, com o espírito de um tempo – daí o subtítulo desse livro – simplesmente dialoga com uma configuração cultural que apresenta uma nova arquitetura de relações. Uma outra cultura, pluricultural, por isso também relacional, que articula várias culturas – uma *terceira cultura* – como ele diria, pois apresenta valores que estão sendo construídos pelos grupos, no interior de uma sociedade capitalista, competitiva, burocrática, racional e profundamente iludida com a promessa de progresso.

Uma sociedade em que as instituições culturais e orientadoras de condutas estão passando por profundas transformações; sociedade em que se presencia o esvaziamento das matrizes que são ainda referências para as necessidades de formação, para o aprimoramento do espírito e o enriquecimento da alma; espaços institucionais que ajudariam os indivíduos a se identificar com uma ética, uma moral. Todavia, instâncias que hoje podem ser sentidas na pele passam por questionamentos e esvaziamentos de conteúdo. Para Edgar Morin, na sociedade ocidental de meados do século XX, as instituições educativas tradicionais – a religião, a escola, a família, o trabalho, o Estado – já estariam sinalizando profundas alterações.

Edgar Morin fala da sedução e do fascínio que a cultura de massa tem sobre nós – crianças ou adultos –, em tempos de fragilização das matrizes institucionais tradicionais. Fala do lugar que a cultura de massa e suas celebridades ocupam em nossas vidas; o considera um espaço reservado à ilusão, ao lazer e ao consumo de bens do entretenimento, espaço que nos indica o caminho da felicidade. Alerta ainda para o fato de que a felicidade e a ilusão preenchem um espaço vital na constituição da nossa realização enquanto sujeitos.

A cultura das mídias é uma matriz de cultura que oferece um corpo de símbolos, valores a acreditar, modelos a seguir. Preenche, pois, o espaço deixado pelas instituições tradicionais. Ela produz significados, veicula sentidos e símbolos sociais. Ela, ao oferecer uma carga informativa, tem a capacidade também de propor e ou impor significados. A cultura das mídias tem, pois, a capacidade de integrar, manter a comunicação e, ao mesmo tempo, oferecer um corpo de categorias de pensamento.

Nesse sentido, Morin chama a atenção para o fato de que o que deveria ser questionado não estaria na cultura de massa, mas nas novas condições de existência institucional e cultural da modernidade.

Para finalizar este item, nada melhor do que o próprio autor para definir a cultura, incluindo a cultura das mídias. É possível notar a ênfase que o autor coloca no diálogo contínuo entre a cultura das mídias, objetivada em filmes, novelas, celebridades e o processo de interiorização dessas mensagens no imaginário particular de cada um de nós.

> Podemos adiantar que uma cultura constitui um corpo complexo de normas, símbolos, mitos e imagens que penetram o indivíduo em sua intimidade, estruturam os instintos, orientam as emoções. Esta penetração se efetua segundo trocas mentais de projeção e de identificação, polarizadas nos símbolos, mitos e imagens da cultura como nas personalidades míticas ou reais que encarnam os valores (os ancestrais, os heróis, os deuses). Uma cultura fornece pontos de apoio imaginários à vida prática, pontos de apoio práticos à vida imaginária; ela alimenta o ser semirreal, semi-imaginário, que cada um secreta no interior de si (sua alma), o ser semirreal, semi-imaginário que cada um secreta no exterior de si e no qual se envolve (sua personalidade). (Morin,1984: 15)

O indivíduo e sua realidade de cultura

Valeria considerar ainda a forma como Edgar Morin caracteriza o público-alvo da cultura das mídias. Buscando inspiração em uma perspectiva antropológica, o autor define o indivíduo da modernidade como aquele que constrói sua identidade na relação que estabelece com seu próximo, um indivíduo que tem o gosto pelo jogo e divertimento, dotado de uma razão perceptiva e de inteligência, hábil com a compreensão dos símbolos.

Todavia, é um indivíduo variado, heterogêneo, segmentado em seus respectivos imaginários, pois passa por uma série de experiências e condições de vida diferenciada. É por isso que a cultura de massa tem de buscar um denominador comum entre essa variedade de culturas de classe, culturas étnicas, religiosas, nacionais e ou políticas. A cultura de massa precisa criar uma nova universalidade humana a partir de elementos culturais particulares à civilização moderna. Na busca constante do lucro ou na ampliação de seu mercado consumidor, a indústria da cultura necessita encontrar um homem genérico e médio, mas ao mesmo tempo universal.

Para compreender a difícil equação de nivelar a diversidade de culturas dos grupos por um elemento comum e agregador, Edgar Morin apela para o conceito de *sincretismo*. Ou seja, noção que expressa uma tentativa de sistematizar em um denominador comum uma variedade de conteúdos. Por exemplo, a novela e alguns filmes que pretendem atingir um grande público, não devem enfatizar apenas o amor, mas devem, de alguma forma, apresentar intrigas e/ou a disputa pelo poder, temas do nosso cotidiano sob pena de não conseguir agradar a todos.

Para Morin, a cultura de massa seria o único grande terreno de comunicação entre as classes, os gêneros e as etnias. Todos, independentemente do *status* ou da posição social, cantam a música de apresentação das novelas, repetem os jargões publicitários como, por exemplo, "Atchim, Resprim" ou "Casas Bahia: dedicação total a você". O que aproxima os grupos, reitera Morin, é a identidade dos valores de consumo. Essa identidade é o lugar-comum, o meio de comunicação entre os diferentes estratos e as diferentes classes.

Entretanto, chama a atenção que esse fato não se confunde com uma democracia real. As barreiras culturais e econômicas entre as classes não estão abolidas – novas divisões entre as culturas serão formadas, novas hierarquias são reconstruídas no interior da cultura de massa. É fácil compreender essa ideia quando lembramos que poucos de nós escolhemos para entretenimento os programas educativos da TV Cultura ou do Canal Brasil, enquanto o "Fantástico" é campeão de audiência. Ou ainda, é fácil compreender essas hierarquias quando observamos que os alunos das escolas privadas, ainda que assistam à TV como seus colegas da escola pública, possuem acesso aos canais pagos, assistem com mais frequência a filmes do que novelas, bem como passam menos tempo em frente à "telinha", pois possuem outras opções de entretenimento, como a internet.

Por fim, valeria uma última questão. É a mídia que faz o público ou é o público que faz a mídia? Para Edgar Morin, essa é uma falsa questão. Para ele, é evidente que o verdadeiro problema é o do diálogo entre o sistema de produção das mensagens e as necessidades culturais dos consumidores. Nesse sentido, a cultura de massa conversa com a audiência. Com seu aparato produtivo de técnicos, psicólogos, jornalistas e publicitários cria estratégias de conhecer os interesses de seu público para moldá-los segundo seus próprios interesses. Ou seja, sabemos que a produção de muitas novelas promove sistematicamente uma consulta com grupos de telespectadores a fim de conhecer o tipo de recepção que estão atingindo para programar seus próximos capítulos. Ou mesmo as revistas femininas possuem um intenso correio entre as leitoras e seus jornalistas a fim de produzir matérias que atinjam seu público-alvo. A cultura das mídias tende, portanto, a atender as demandas de seu público em um contexto social específico ainda que o faça segundo um modelo estabelecido e criado por ela própria.

Contexto e estrutura da cultura de massa

É interessante notar que, ao explicitar os principais elementos que caracterizam a cultura do mundo moderno, Edgar Morin não abandona um olhar crítico a respeito da filiação da cultura de massa ao mundo capitalista e dependente de uma estrutura social injusta e hierarquizada. A nova cultura, para ele, cresce e se consolida em um ambiente sociocultural marcado por uma economia de mercado, industrial, em que a procura do lucro e da produtividade é máxima absoluta; segundo ele, é em função do lucro que se desenvolvem as novas artes técnicas. Da mesma forma, é na busca pela audiência que os responsáveis pela produção se debruçam. Sabemos o quão competitivo é o horário noturno das TVs e os esforços de cada emissora em colocar no ar uma programação que venha agregar uma maior audiência. Quem não se lembra da disputa de audiência dos programas de auditório, apresentados aos domingos.

Reforçando esse entendimento, Morin enfatiza um aspecto: a cultura de massa só pode se realizar como grande consumo a partir da emergência, formação e desenvolvimento de um novo segmento consumidor assalariado. Para ele, as novas condições de produção da cultura moderna estão profundamente comprometidas com a lógica de uma racionalidade burocrática, dependentes da padronização, mas, ao mesmo tempo, pela segmentação.

Segmentação é o termo utilizado na publicidade para dividir o público consumidor em grupos ideais de consumo. Por exemplo, o mercado das mulheres, dos homens, dos jovens, dos gays e, assim, tornar o atendimento mais direto e certeiro.

Na cultura das mídias, ao mesmo tempo em que têm como objetivo alcançar o maior público possível, seus responsáveis se ocupam do atendimento de interesses de grupos específicos. É por isso que, quando vamos a uma banca de jornal, podemos observar uma abundância de publicações que podem agradar o gosto do público feminino (revista *Cláudia*), adolescente (mangás) ou à família toda (revistas informativas, como a *Veja*, por exemplo).

Vale lembrar também uma das mais interessantes contribuições de Morin. O consumo da cultura de massa, para ele, se registra em grande parte no lazer moderno. O lazer não apenas como acesso a um tempo livre, mas também o direito ao consumo. Como já foi comentado anteriormente, lembramos que a unidade da instituição família, na contemporaneidade, tende a se reduzir ao casal e aos filhos; as preocupações de transmissão de uma herança diminuem com a permanência das crianças na escola bem como o peso do trabalho doméstico fica aliviado com os confortos oferecidos pelos eletrodomésticos. Assim sendo, cada membro da família cria uma autonomia interna disponibilizando-se para o lazer na assistência a TV, no acesso à internet ou na leitura de revistas. Por outro lado, o trabalho perde seu sentido por ser mecânico e pouco prazeroso. Quantos de nós chegamos em casa e fazemos um esforço para esquecer o estresse e a cobrança do escritório, das contas a pagar, da doença dos mais velhos ou da indisciplina dos mais novos, ligando imediatamente a TV, o rádio ou o computador. Buscamos, então, outras formas de preencher o sentido da vida e obter uma sensação de bem-estar.

O lazer não é mais apenas o vazio do repouso e da recuperação física e nervosa; não é mais a participação coletiva na festa; mas a possibilidade de ter uma vida consumidora de ilusões e prazeres. O lazer moderno surge, portanto, como uma necessidade da vida pessoal, o centro no qual o homem procura se afirmar enquanto indivíduo privado com gosto e preferências próprias. A cultura de massa mobiliza o lazer; orienta a busca da saúde mental individual durante o lazer e, ainda mais, ela cultua o lazer, que se torna um estilo de vida. Mas alerta: participamos dos mundos à altura da mão, mas *fora* do alcance da mão. O espetáculo moderno é, ao mesmo tempo, a maior presença e a maior ausência.

Ou seja, a possibilidade de lazer está em todo lugar – na TV, na internet, na videolocadora, nas emissões de rádio, nas revistas em quadrinhos, festas populares etc. Não é à toa que vemos o crescimento de muitas festas folclóricas se transformando em grandes eventos patrocinados pelas secretarias de cultura, como a Festa do Peão de Boiadeiro, Festa do Divino em São Luiz do Paraitinga (SP) e carnavais em cidades pequenas. Entretanto, aproveitamos esses lazeres espetaculares como ouvintes, somos apenas coadjuvantes desse processo, somos espectadores, não participamos da produção de todos eles, eles não nos retratam perfeitamente.

Enfim, seguindo as indicações do autor, é possível observar que as imagens e os conteúdos que nos penetram através das membranas midiáticas alimentam a vida imaginária muitas vezes preenchendo o espaço vazio que acomete o homem moderno. Alimentam o imaginário, ampliando por vezes nossas referências identitárias, disponibilizando lazeres, mas ao mesmo tempo nos enclausurando em opções de entretenimento das quais não participamos como produtores. Com muita ironia, Morin afirma que as mídias são como válvulas de escape, pois mesmo estando longe das antigas epopeias ou religiões que permitiam a identificação com o mundo do sagrado, distantes do Estado, da nação e da família, nos encontramos próximos da atrativa e fascinante mitologia da felicidade dos heróis midiáticos. Ou seja, na grande maioria das vezes, o indivíduo moderno, descrente da eficácia das religiões, sofrendo a ausência de figuras públicas carismáticas ou figuras de autoridades confiáveis, está carente de modelos e heróis. Nesse sentido, a cultura das mídias cria os heróis modernos nas figuras de celebridades. Artistas de novelas, cantores ou esportistas podem vir a se transformar nos heróis de nossa época.

Sobre a caracterização do momento da produção dessa indústria da cultura, Morin também nos oferece uma importante contribuição. Segundo ele, um dos grandes desafios da cultura das mídias é ter de superar constantemente uma contradição fundamental: aquela entre suas estruturas burocratizadas-padronizadas da esfera da produção e a originalidade das mercadorias que ela deve fornecer.

Entretanto, diz ele, a dialética padronização-individuação tende frequentemente a se amortecer em uma espécie de termo médio. Ou seja, a indústria cultural não produz apenas clichês; a indústria não põe fim a todo processo criativo. Segundo ele, entre o polo das tramas desenfreadas das novelas e o polo da padronização estereotipada se desenvolve uma grande corrente cultural em que se criam impulsos inventivos, se purificam os padrões mais grosseiros. É o caso das novelas brasileiras e os programas humorísticos da TV. As primeiras conhecidas internacionalmente por sua qualidade na produção técnica e direção de atores. Produto criticado por parte da intelectualidade, as novelas brasileiras cumpriram a função de desenvolver uma dramaturgia com grande padrão técnico de qualidade. Os segundos, repetindo velhas fórmulas que ainda agradam ao público.

Para ele, é preciso estar atento também para a existência de uma zona na qual a distinção entre a cultura letrada e a cultura de massa se torna puramente formal. Lembro aqui os filmes que adaptaram grandes obras da literatura nacional – *Dom Casmurro*, *A hora da estrela*, *O auto da compadecida*, *Lavoura arcaica*, entre outros –, que entraram na cultura de massa sem, contudo, abandonar a cultura cultivada. Essa democratização da cultura cultivada é efetivamente uma das correntes da cultura de massa, mas não é a principal.

A perspectiva do diálogo

Sobre a produção ficcional, as marcas do pensamento de Edgar Morin são fortes. Segundo o autor, o indivíduo – seja o leitor de um romance ou espectador de um filme – entra em um universo imaginário que, de fato, passa a ter vida para ele, mas ao mesmo tempo, por maior que seja a participação, ele sabe que lê um romance e que vê um filme. Há um desdobramento do leitor/espectador sobre os personagens, uma interiorização dos personagens pelo leitor/espectador, simultâneas e complementares, segundo transferências, projeções e identificações incessantes e variáveis. Portanto, a relação estética, a relação com o sensível (sensibilidade) é a relação que a arte mantém com o leitor/espectador. Para ele, é aqui que se encontra a capacidade, a habilidade de fazer reagir o espectador, de fazê-lo experimentar. Quantos de nós não nos sensibilizamos com a história de amor do filme *Titanic*, em que *glamour*, riqueza, paixão e tragédia se misturam dando mostras de uma perfeita receita de sucesso de bilheteria?

Somos envolvidos pelo encantamento a favor do herói simpático e pelo *happy end* também. Para Morin, o filme ou o desenho animado (com cada vez mais tecnologia) terminam como uma espécie de eterna primavera, em que o amor, algumas vezes acompanhado pelo dinheiro, o poder ou a glória, brilhará para todo o sempre. As histórias encenadas pelos Estúdios Disney são exemplares nesse sentido. Perseguição, inveja, intriga e amor são ingredientes infalíveis até para os mais jovens.

Portanto, nesse raciocínio, o *happy end* não é só conforto ou apaziguamento, mas explosão de felicidade em uma sociedade na qual a vida é difícil de ser vivida. A ideia de felicidade se torna o núcleo de aproximação entre o espectador e os heróis da ficção, estes passam a ser uma espécie de reflexo ou projeção do espectador. Assim, paradoxalmente, é à medida que o filme se aproxima da vida real, com todas suas dificuldades, que ele consegue alcançar a vida imaginária de todos nós.

Sobre a produção das notícias, Edgar Morin observa que a dramatização tende a preponderar sobre a informação propriamente dita. Fazendo notícia de tudo que pode ser comovente, sensacional e excepcional, a imprensa de massa usa, como estratégia de venda, a vida pessoal dos heróis midiáticos. Assim, os temas fundamentais do cinema – a aventura, a vida privada e o amor – passam a ser igualmente privilegiados na imprensa a partir da vida de nossos heróis. As bancas de jornais são decoradas com as capas das revistas em que figuras como Ronaldinho, Kaká ou Sandy e Júnior contam suas vidas, dificuldades e sucessos. Programas de variedades exploram atos gratuitos, dando-lhes um toque especial: paixão, morte, destino, instintos selvagens etc., como o programa do apresentador Ratinho ou, mais recentemente, das apresentadoras Adriane Galisteu e Luciana Gimenez.

No sensacionalismo da imprensa, as barreiras da vida normal são rompidas pelo acidente, pelo imponderável. É um ensinamento de como aceitar a se sujeitar a fatalidades. Posto isso, a informação romanceada, de um lado, e o sensacionalismo, de outro, apelam finalmente para os mesmos processos de projeção-identificação propostos pelos filmes e novelas. Identifica-se, pois, uma familiaridade, certa cumplicidade com os heróis da mídia, constrói-se uma grande família entre receptores e emissores. Essa cultura, além de oferecer alimento para nosso imaginário e informações, propõe também conselhos de saber viver.

Em relação à publicidade, Edgar Morin considera que é a grande arma para integrar. A cultura de massa carrega uma série de estímulos que desenvolvem ou criam inveja e desejos. Ou seja, através das necessidades de nosso imaginário, da informação romanceada, das prescrições e dos conselhos, os publicitários atingem temas fundamentais que tendem a espelhar nossos sonhos. Uma imagem de vida de prazer constante e ideal: de um lado, com o oferecimento de produtos de consumo que prometem um bem-estar e posição social de sucesso; de outro, a representação da vida privada, o amor, o êxito pessoal e a felicidade. Quem já não se identificou (identificação) e se viu morando (projeção) em apartamentos com área de lazer e churrasqueira, em que todos os membros da família poderiam desfrutar de bons e inesquecíveis momentos?

Síntese

Este capítulo teve como intenção apresentar uma perspectiva de análise baseada nas relações dialógicas entre produção da cultura das mídias e seu público consumidor. Apoiando-se nas contribuições de Edgar Morin, exploramos suas principais ideias, conceitos e perspectiva de análise.

Centramos nossa discussão na possibilidade de trabalhar essa perspectiva associada à leitura frankfurtiana. Parece interessante poder conciliar uma visão filosófica da história tal como proposta por Adorno e Horkheimer com uma visão mais antropológica e humanística, utilizada por Edgar Morin.

Para mergulharmos no universo de pensamento desse autor, precisamos de algumas noções-base. Verificamos que os principais conceitos se estendem pelo universo da antropologia. Ou seja, esse autor define a cultura de massa como uma *Terceira Cultura*, uma cultura híbrida, específica dos tempos modernos. Uma matriz simbólica que nos oferece categorias do pensar e julgar bem como regras de conduta. Edgar Morin também nos convida a pensar em um sujeito consumidor que, ainda que mudo e às vezes passivo, não se confunde com um autômato. A cultura de massa para ele é uma cultura que prescinde fundamentalmente de um diálogo constante com seu público. Nesse sentido, as noções de identificação e projeção são instrumentos valiosos para se poder avaliar a força das mensagens midiáticas na formação de nosso imaginário.

Alerta-nos também que a cultura de massa não cria as massas. Não é a cultura de massa que propõe uma realidade ilusória ao mesmo tempo em que produz a alienação das mentes. É o trabalho estressante que o faz. Não é a cultura de massa que cria o sensacionalismo e o grotesco. Esses são tipos de narrativas há muito presentes nas culturas populares.

Sugestão de atividade

LEITURA BÁSICA DO CAPÍTULO

MORIN, Edgar. *Cultura de massas no século XX*: o espírito do tempo – v. 1 – Neurose. Rio de Janeiro: Forense Universitária, 1984.

EXERCÍCIO DE SÍNTESE INDIVIDUAL

Toda leitura, para ser bem assimilada e compreendida, precisa passar por um processo de síntese e elaboração escrita. As questões a seguir facilitarão esse processo (pode-se, também, tomá-las como um roteiro de leitura).

MORIN, Edgar. *Cultura de massas no século XX*: o espírito do tempo – v. 1 – Neurose. Rio de Janeiro: Forense Universitária, 1984.
1 – Como o autor define o conceito "cultura de massa"?
2 – Quais as principais características da cultura de massa? Cite pelo menos cinco.
3 – Como o autor definiria o consumidor da cultura de massa?
4 – Como o autor definiria a relação entre a produção, o produtor cultural e o receptor?
5 – Faça uma síntese ponderando as diferenças e semelhanças entre as abordagens dos autores da Escola de Frankfurt e Edgar Morin, a partir dos textos indicados para leitura.

TRABALHO EM GRUPO

Os alunos poderiam assistir a um dos seguintes filmes: A *pequena sereia* [1989] e *O Rei Leão* [1994] e ou *a Bela e a Fera* [1991], todos dos Estúdios Disney, ou, para um público mais adulto, sugerimos os filmes *Perfume de mulher* (Direção de Martin Brest, 1992) ou *Ghost: do outro lado da vida* (Direção de Jerry Zucker, 1990) ou outros indicados no final do livro, a fim de: 1 – num primeiro momento observar, identificar e discutir quais são as características de personalidade dos personagens que o grupo apontou como sendo favoráveis ou não; 2 – num segundo momento, fazer uma rodada das avaliações positivas e negativas da história.

Veremos que a grande maioria de nossos julgamentos acerca dos filmes está estreitamente relacionada à nossa visão de mundo. Veremos também que parte da positividade desses filmes se encontra no alívio a que eles nos remetem ao narrar situações de dificuldade que finalizam em *happy end*. A proposta do trabalho seria observar que tendemos a gostar dos personagens e ficções que se assemelham com nossos padrões sociais e, dessa forma, nos identificamos com eles. Por outro lado, podemos apreciar ou desvalorizar ambos, personagens e história, quando eles nos fazem perceber coisas que, até então, nos pareciam sem importância. Nesse exercício, é possível verificar que projetamos nossa vida e valores morais nos personagens da ficção construindo um intenso diálogo com eles. Mas, às vezes, aprendemos com eles ou simplesmente nos divertimos, tendo uma satisfação de fuga da realidade.

Leitura complementar

COELHO, Teixeira. *O que é indústria cultural*. São Paulo: Brasiliense, 1989.
DUMAZEDIER, Joffre. *Lazer e cultura popular*. São Paulo: Perspectiva, 1976.
MICELI, Sergio. *A noite da madrinha*. São Paulo: Companhia das Letras, 2005 [1972].
MORIN, Edgar. *As estrelas*: mito e sedução no cinema. Rio de Janeiro: José Olympio, 1989.

Os estudos de recepção

Este capítulo tem como objetivo apresentar a perspectiva de análise dos estudos de recepção. A partir de um detalhado balanço bibliográfico, é possível observar que até meados dos anos 70 do século XX, os estudos de comunicação enfatizavam, sobretudo, os efeitos produzidos pelas mensagens veiculadas pelos meios de comunicação, bem como enfocavam a seleção da programação de acordo com os usos e gratificações do público. No entanto, a partir dos anos 1980, um outro tipo de preocupação parece motivar os pesquisadores da área. As pesquisas no campo da comunicação passaram a tentar compreender os diferentes significados que as audiências construíam a partir das mensagens midiáticas.

Esse deslocamento de perspectiva para o papel da audiência no processo comunicativo chama a atenção para uma mudança no eixo de análise. Muitos pesquisadores começaram a compreender o fenômeno da cultura das mídias segundo a perspectiva de uma audiência ativa. Essas investigações passaram a ser chamadas de *Teorias da recepção* ou *Teorias da interpretação da audiência*. Seguindo a tradição dos estudos culturais provenientes da Escola de Birmingham, vários estudiosos se preocuparam em analisar o que a audiência fazia com as mensagens das mídias.

> Como citado anteriormente, Escola de Birmingham é o nome dado ao conjunto de autores que trabalharam em torno de uma nova perspectiva, denominada Estudos Culturais. Esta corrente de pensamento irá se desenvolver nos anos 1960 e 1970 sob o nome de *Cultural Studies*. Em 1964, é fundado, na Universidade de Birmingham, na Inglaterra, o

> Centre of Contemporary Cultural Studies (CCCS), centro de estudos sobre as formas, práticas e instituições culturais e suas relações com a sociedade. Richard Hoggart é seu primeiro diretor. Em 1968, Stuart Hall assume seu lugar até 1979. O Centro conhece seu auge durante o período em que consegue reunir uma série de influências em diferentes áreas de pesquisa (etnografia, teoria da linguagem, literatura, entre outras) e veicular seus trabalhos a questões polêmicas como o movimento social do feminismo.

Em síntese, é possível apontar quatro abordagens dos estudos de recepção com origem em diversas tradições disciplinares. A primeira delas – proveniente da tradição dos Estudos Culturais críticos anglo-americanos – tinha como orientação as teorias neomarxistas e se submetia a uma considerável influência da análise estrutural (dentro da teoria cultural francesa, um dos seus representantes seria de Louis Althusser); a segunda, com origem na tradição do interacionismo simbólico, seria próxima das abordagens funcionalistas; a terceira, seguidora da tradição dos Estudos de Consenso Cultural, teria raízes na antropologia cognitiva cultural de teóricos como Clifford Geertz, Claude Lévi-Strauss e Victor Turner; e, por último, a abordagem resultante dos interesses na cultura popular. Essa última tradição concebe a mídia como um texto e enfatiza a abordagem na construção do significado das comunidades interpretativas (jovens, mulheres, trabalhadores sindicalizados etc.).

As pesquisas com essa última inclinação começaram a investigar os processos de negociação e recriação de sentidos, deram mais ênfase aos espaços de interação constituídos de tensas relações de significado entre a lógica da produção e os sentidos ideológicos, de um lado, e a lógica do consumo e construção da identidade na vida cotidiana, de outro.

Como já mencionado, são ideológicas apenas as mensagens que reforçam contextos e relações de poder. Estudar a ideologia dos bens culturais midiáticos é explicitar a conexão entre o sentido mobilizado pelas mensagens midiáticas e as relações de dominação que esse sentido mantém. Estudar a ideologia dos bens da cultura das mídias é estudar as maneiras como as formas simbólicas se entrecruzam com as relações de poder de uma dada sociedade.

Para os interesses deste capítulo, valeria dedicar um pouco mais de tempo a essa última tradição de investigação, pois se trata de uma leitura que tenta incorporar as anteriores, aproveitando de cada uma delas alguns elementos importantes do processo de recepção das mensagens.

> O teórico que mais se destacou nessa linha de investigação nos últimos anos é Jesús Martín-Barbero. Espanhol de nascimento, Martín-Barbero fez seus estudos na área da filosofia e da sociologia na França, nas décadas de 1960 e 1970. Atualmente, é professor na Pontifícia Universidade Javeriana, na Colômbia e professor e pesquisador do Departamento de Estudos Socioculturais do México.

Martín-Barbero, além de construir uma metodologia de análise na área da comunicação das mídias, tem como seu campo de investigação a realidade latino-americana. Um dos destaques de sua contribuição foi procurar romper com a concepção *das etapas do processo de comunicação* bastante enfatizada pelos estudos norte-americanos.

Para Martín-Barbero, a etapa da recepção das mensagens não deve ser observada como uma simples parte do processo de comunicação. Ao contrário, a recepção é um *lugar* novo, de onde devemos repensar os estudos e a pesquisa em comunicação.

Discordando das investigações que se dedicam a interpretar as audiências apenas a partir do poder das indústrias culturais, Martín-Barbero propôs compreender a construção do significado pela audiência como resultado de uma confrontação e uma negociação de muitos atores produtores de cultura. Segundo ele, os estudos de recepção devem enfocar os locais dos quais se pode observar e compreender a interação entre as lógicas da produção e a da recepção das mensagens da cultura das mídias. Ele chama esses processos de *mediações*, ou seja, interações de sentidos, a partir de lutas e ou aceitação, resistência e ou transformação dos significados das mensagens porque são esses procedimentos que reúnem e dinamizam as negociações entre diferentes lógicas culturais.

Como vimos, a concepção de cultura de Martín-Barbero é muito próxima àquela desenvolvida aqui, no capítulo "Mídias: uma nova matriz de cultura". Ou seja, a cultura, nesse entendimento, não representa apenas os símbolos e imagens de uma sociedade, como sua música ou sua bandeira. A cultura é muito mais que isso, pois expressa um conjunto de condições de produção de sentidos e valores que ajudam na reprodução das relações entre os grupos, auxiliando na transformação e na criação de novos e outros sentidos e valores.

As mediações ou, em minhas palavras, as bagagens culturais (sexo, classe, idade, etnia, por exemplo) seriam como filtros de negociação de sentido, espaços estes influenciados por um contexto sociocultural específico, dependentes da cultura do receptor bem como abertos às possibilidades de enfrentamento entre as culturas locais e as culturas dominantes.

Utilizando-se do conceito de hegemonia de Antônio Gramsci, Martín-Barbero observa que a hegemonia, força ou o domínio de um tipo de cultura, entre elas a cultura das mídias, nunca está totalmente assegurada. A hegemonia ou poder de uma cultura é fruto de um campo de batalha entre muitos atores e suas variadas culturas. Para ele, o poder das mídias estaria então na sua capacidade de definir símbolos culturais para a sociedade.

Como já discutido no capítulo "Mídias: uma nova matriz de cultura", essas transformações em relação às preocupações com a dimensão cultural ocorrem porque a cultura, enquanto um sistema simbólico, é um veículo de sentido. A cultura mediatiza uma ideia, um sistema de ideias, ela oferece um discurso que cria os sentidos e as verdades. Em outras palavras, os sentidos – ou os mediadores dos sentidos – entre eles as mídias e suas celebridades, os discursos dotados de sentido que as mídias difundem são importantes politicamente, porque expressam uma ideia, um posicionamento. Em segundo lugar, nessa perspectiva, o discurso que conseguir maior visibilidade será o que obterá mais adeptos. Portanto, o significado dos discursos não surge das coisas em si, mas dos jogos de linguagem e dos sistemas de classificação nos quais as coisas são e estão inseridas.

Se a perspectiva de análise de Martín-Barbero, por um lado, enfrenta uma visão atual e poderosa dos estudos de comunicação, por outro, mostra uma iniciativa pioneira dos estudos de recepção na América

Latina. Partindo do pressuposto de que a recepção é mais que uma etapa do processo de comunicação, observando que a recepção não se constitui em um momento distinto das mediações de significado, mas é parte constitutiva da produção de significado, propõe repensar todo o processo de interação que se realiza com a comunicação das mídias.

Ao apresentar esse novo enfoque, Martín-Barbero rompe com uma leitura mecânica do processo em que não se encontram sujeitos nem intercâmbios culturais. Rompe com um modelo em que comunicar é fazer chegar uma informação, um significado já pronto, já construído, de um polo a outro. Tendo a recepção como um ponto de chegada daquilo que já está concluído (Martín-Barbero, 1995: 39).

Na construção de seu argumento, Martín-Barbero afirma que a leitura feita cria uma notável confusão na construção do entendimento do fenômeno da comunicação de massa. Ou seja, essa perspectiva mecânica e linear do processo comunicativo reforçaria um entendimento de que tudo aquilo que fosse divulgado pelas mídias seria aceito sem nenhum tipo de mediação cultural; em outras palavras, é como se os receptores fossem esponjas que tudo sugariam. Dessa forma, essa perspectiva linear estaria confundindo a significação da mensagem com o sentido dado pelos usuários a esse processo; estaria reduzindo o sentido e a moralidade dessas práticas na vida das pessoas ao significado que veicula a mensagem. Em síntese, essa concepção estaria confundindo o sentido dos processos de comunicação na vida das pessoas com o significado dos textos, das mensagens, ou mesmo da linguagem dos meios.

Por exemplo, o fato de uma propaganda de cigarro promover uma situação de *glamour* e *status* não seria suficiente para que todos aqueles que procuram esses valores se identificassem com ela e passassem a fumar ou consumir aquela marca de cigarros. Isso porque alguns não gostam de fumar, outros porque o *glamour* e o *status* não fazem parte dos valores que cultuam, ou mesmo porque esses receptores se preocupam com a saúde. O que quero exemplificar aqui é que aspectos como crenças e valores morais que todos possuímos servem de filtros mediadores para qualquer recepção. É para esse perigo que Martín-Barbero alerta ao considerar que confundimos o sentido da mensagem – a direção e o significado da mensagem – com o significado que o receptor atribui a ela.

Vale lembrar, como bem faz o autor, que os entendimentos anteriores se sustentam em três princípios que precisam ser repensados.

O primeiro deles se refere a um pressuposto condutivista, pois compreende que a atividade da comunicação é protagonizada pelo emissor. Em outras palavras, a recepção seria de fato um lugar de chegada e nunca um lugar de partida ou de continuidade a uma proposta de sentido emitida pelos produtores da mensagem.

Em segundo lugar, nessa visão, o sujeito receptor seria passivo, quase uma tábula rasa, um recipiente vazio para se depositar conhecimentos produzidos em outro lugar incapaz de dialogar com as mensagens e estímulos externos.

Por fim, lembra Martín-Barbero, esse ponto de vista possui certo tom moralista. O autor chama a nossa atenção para o fato de que, ao pensar o sujeito receptor como um agente social passivo, pode-se compreendê-lo como uma vítima, um ser manipulado pelos mecanismos de controle social.

Para o autor, é contraditório e quase incompreensível que aqueles que desenvolvem uma concepção crítica e politizada das mensagens midiáticas possam fazer uma leitura do sujeito leitor como passivo e acrítico frente às mensagens que recebe dos meios de comunicação de massa. Nesse sentido, Martín-Barbero pergunta: Como puderam associar a radical politização quanto aos donos dos meios, e os artifícios da mensagem, com a dessocialização do receptor, concebido com um indivíduo isolado?

As mediações

Para levarmos a fundo esse raciocínio acerca das relações entre emissor e receptor, Martín-Barbero nos convida a pensá-las da seguinte forma: propõe pensar a realidade da cultura das mídias compreendendo detalhadamente os muitos aspectos que estão em interação (mediação/

negociação) no processo comunicativo. Para ele, não devemos nos esquecer de que as formações sociais e seus universos simbólicos são heterogêneos, fragmentados e hierarquizados. Ou seja, como já discutido nos capítulos anteriores, o público consumidor não se reduz a uma massa de pessoas passivas, mas essa massa se agrupa em segmentos de acordo com suas bagagens cultural, moral e étnica específicas. Pensando as culturas dos grupos e a cultura das mídias enquanto processos de construção de sentido, o autor aponta a necessidade de compreendermos os contextos sociais, a posição e a situação de poder das culturas locais (sociedades modernas ou tradicionais, ricas ou pobres, centrais ou periféricas).

São exemplos de cultura local a música caipira, o brega em contraposição à música importada como o rock ou eletrônico. A novela das emissoras nacionais e os seriados americanos, em articulações com a estrutura de produção e a mensagem da indústria da cultura. São exemplos de estruturas de produção: Hollywood, Estúdios Disney e Central Globo de Produções.

Assim, Martín-Barbero chama a atenção para uma primeira mediação resultante desse diálogo. Alerta para a questão dos diferentes tempos históricos que as sociedades latino-americanas e o Brasil vivenciam desde seu descobrimento; isto é, os diferentes contextos ou formas sociais que convivem e coexistem no Brasil. É possível afirmar que a reflexão que esse autor faz da realidade contemporânea rompe com uma visão unidirecional da história, buscando resgatar a heterogeneidade de suas temporalidades. Ou seja, para ele, uma concepção progressista da história é pensada de maneira linear; não é possível apreendê-la em sua multiplicidade, na sua heterogeneidade de ritmos e lógicas.

Por exemplo, tomando a sociedade brasileira como modelo, poderíamos afirmar que: aqueles que têm um conhecimento sobre o Brasil partilham de um entendimento sobre a coexistência de dois Brasis. Um Brasil rico, secularizado e escolarizado, e um país pobre, místico e iletrado. Mas é possível observar também que esses dois países se misturam todo o tempo. Não há fronteiras entre eles. É evidente que existem barreiras sociais, mas existem também penetrações, misturas e trocas entre os diferentes padrões de cultura dos brasileiros. Existe a possibilidade sempre inesperada de novas trocas entre esses Brasis. Podemos ver que em uma cidade como São Paulo, a riqueza convive com a pobreza em cada esquina; dentro da própria escola, lugar do saber e da ciência, a presença da bíblia sempre foi muito forte; dentro de uma escola pública da periferia, podemos ver o uso do cinema como recurso pedagógico: assim, conseguimos observar o que Martín-Barbero entende por temporalidades diferentes e a mediação (filtros) sempre inesperada que essas diferentes características de cultura exercem em seus respectivos grupos.

Criticando a perspectiva linear da história, o autor argumenta que, pensando assim, não poderíamos entender a modernidade europeia e a brasileira, não teríamos condição de observar as diferenças de temporalidades internas em que muitos países conviveram e convivem atualmente. Segundo o autor, por exemplo, a cultura característica das sociedades latino-americanas não se reduz à invasão da cultura norte-americana e menos ainda pode ser reduzida ao universo da cultura negra, indígena ou rural. Utilizando-se da metáfora da mestiçagem, hibridismo ou sincretismo, ele alerta para as novas formas culturais que estão emergindo a partir da confrontação e negociação entre lógicas de cultura diferentes. Sua análise, portanto, põe em evidência a coexistência de uma lógica moderna e outra tradicional no mundo contemporâneo.

Contextualizando e chamando a atenção para a especificidade da realidade sociocultural latino-americana, Martín-Barbero considera os processos de comunicação não mais sob o modelo de progresso, modelo unificado de desenvolvimento ou de subdesenvolvimento, mas sob uma heterogênea pluralidade articulada em cada país ou em cada região. Segundo esse autor, a oposição linear entre modernidade e tradição deve ser superada e caminhar na direção de uma leitura mais ampla que incorpore contradições, avanços e recuos, pois em nossa própria sociedade coexistem grupos sociais com temporalidades distintas. Em outras palavras, a história da América Latina é a história dos *destempos* (diferentes temporalidades), é a história da mestiçagem e não a história da pureza das autenticidades de modelos culturais modernos ou tradicionais. Aqui, o moderno e o tradicional sempre se misturam.

O autor também aponta uma segunda ordem de fragmentação, melhor dizendo, uma outra ordem de distinções: distinções sociais e culturais. Para ele, estamos presenciando uma atualização ou um aprofundamento das diferenças entre os grupos sociais que de uma certa forma já eram velhos conhecidos nossos. Ele se refere às diferenças de tipos de mensagens difundidas pelas mídias; em primeiro lugar, as que poderiam ser caracterizadas por um tipo de informação dirigida, principalmente, para os que tomam decisões na sociedade e um segundo tipo de informação voltado para o entretenimento do grande público.

> Nesse sentido, essa fragmentação de cultura social vem reforçar a mais velha e mais estrutural das divisões sociais, que é a divisão entre os que ascendem de alguma forma ao poder, ou seja, os que têm informação para tomar decisões – e sabemos que hoje o poder passa cada vez mais pela informação –, e a imensa maioria da população, para a qual os meios de comunicação se dirigem. (Martín-Barbero, 1995: 46)

Voltando ao exemplo brasileiro, em recente pesquisa sobre o consumo cultural dos jovens, observamos que a cultura de massa está presente entre todos eles de forma bastante intensa e generalizada, por exemplo, na compra de CDs, na assistência à TV e ao rádio. Todavia, verifica-se que a assistência a todos eles é diferenciada, bem como se verifica também que os tipos de preferência de cada um desses itens passam por ligeiras, mas significativas diferenças. Ou seja, canais fechados, seriados e ecletismo nas emissoras para os alunos da escola privada e menos opções de programação para seus colegas da escola pública. São os alunos da escola privada que têm o costume de desenvolver uma *cultura de saídas* – ou seja, frequência a bares, cinemas e shows – evidenciando maior acesso aos bens da cultura, como também são eles que estão mais familiarizados com as mídias mais modernas, como a internet e as possibilidades de uso que ela encerra.

Por último, outra ordem de fragmentação corresponde a das novas gerações. Martín-Barbero problematiza as novas condições técnicas de socialização do mundo contemporâneo. Afirma que a juventude mantém diferentes relações com a tecnologia. Para ele, a tecnologia não é só aparato instrumental qualquer. A estruturação técnica vivida pela modernidade disponibiliza um novo organizador perceptivo, um reorganizador da experiência social, um novo *sensorium* como diria Walter Benjamin, que introduz diferenças de percepção entre os grupos de faixa etária distintas.

Como desdobramento e associado a essa nova percepção sensorial, cognitiva e, portanto, intelectual, Martín-Barbero pergunta: como entender essa nova e enorme mestiçagem que há entre as culturas orais da maioria e as culturas da modernidade vindas pelo videogame, pelo videoclipe, pela música do vídeo etc., com o que os jovens de qualquer classe social, hoje, têm uma grande empatia? Ou mesmo, outra questão incômoda. Por que os jovens leem cada vez menos? Por que são acomodados? Por que a leitura implica trabalho e eles são preguiçosos? Ou existiria outra cultura, outra sensibilidade que, desde o ensino fundamental, não foi percebida pela escola?

Assim, Martín-Barbero alerta para a crescente fragmentação dos públicos com os quais os meios de comunicação de massa e a cultura das mídias trabalham e aos quais se destinam. É preciso estar atento, pois, para as variadas formas e condições sócio-históricas de uso e apropriação dos meios e suas mensagens.

Segundo esse autor, existem outras dimensões nessa cultura visual e sonora dos jovens bem como condições específicas das sociedades culturalmente híbridas que ainda não foi possível entender. É preciso, pois, estar atento para outras sensibilidades ou demandas que estão sendo construídas.

É preciso estar atento também para certo olhar de exclusão e certo elitismo. Martín-Barbero afirma que, aproximando cultura das mídias com o gosto popular, tendemos a caracterizar o gosto popular como mau gosto. Também favorece-se a cultura de criação, a cultura de autoria –

como livros, poesia e cinema – e tende-se a deslegitimar a cultura da ficção da TV ou o uso da internet.

Por exemplo, não conseguimos valorizar a linguagem das novelas, pois ainda pensamos que elas são mensageiras de um olhar alienado da realidade nos esquecendo de que a dimensão do lazer e do entretenimento faz parte da nossa vida imaginária, como ensina Edgar Morin. Estudos recentes mostram que a utilização das tecnologias da informação e da comunicação (TICs), os variados instrumentos de interação como blogs, *chats* ou ferramentas de conversação instantâneas, como o MSN Messenger, oferecem oportunidades aos jovens de escreverem, lerem e criarem novas linguagens. Nesse sentido, seriam espaços legítimos de criação de sentidos e de uma cultura jovem. Por fim, Martín-Barbero considera que não foram abandonados elementos de um raciocínio elitista, somos críticos aos aspectos de uma fruição lúdica e apaixonada das camadas populares, como os jornais sensacionalistas e as comédias.

Para ele, é como se essas leituras elitistas estivessem ainda impregnadas de um conceito parcial de cultura tal como os frankfurtianos fizeram; essas visões pregariam como correto apenas uma forma de compreensão da cultura das mídias, desconsiderando demandas e usos específicos de grupos sociais culturalmente distintos daqueles valorizados por uma cultura culta.

Os limites da abordagem dos estudos de recepção

Não obstante, ao querer resgatar a vida, a iniciativa e a criatividade dos sujeitos receptores das mensagens, Martín-Barbero nos alerta de que não podemos nos esquecer de que o indivíduo está envolvido em uma teia de valores e condicionamentos socioculturais. Ou seja, ao afirmar que suas pesquisas tendem a estudar não o que os *meios* fazem com as pessoas, mas o que fazem as pessoas com elas mesmas – ou mesmo, o que elas fazem com os *meios* –, não podemos confundir essa ordem de afirmação com a proposição de que o receptor é o único a ter a palavra, é o consumidor que é o protagonista desse processo. Para ele, o leitor, espectador ou o consumidor midiático não faz o que tem vontade, pois age segundo limites e constrangimentos sociais muito fortes.

Outro perigo em que as pesquisas de recepção podem incorrer é dissociar o estudo da recepção dos processos de produção, seguindo aquele modelo mecânico, no qual cada um deles tem sua própria lógica e suas próprias disciplinas. Para ele, agindo dessa forma, cairíamos em um novo idealismo, sem levar em conta a concentração econômica dos meios e a reorganização do poder ideológico, do poder político e cultural das mídias. Como, por exemplo, esquecer que a Central Globo de Jornalismo possui um complexo produtor de notícias com poder expressivo, pois além de editar várias revistas, possui um jornal diário (*O Globo*), tem um portal na internet, é responsável por um canal exclusivo de notícias e produz o telejornal de maior audiência no país, o "Jornal Nacional", entre muitas outras afiliadas pelo Brasil?

Martín-Barbero alerta para a necessidade de relacionar as condições de recepção (quem recebe as notícias, qual o nível de escolaridade e profissão do público) com as estruturas e as condições de produção (condição de produção das matérias jornalísticas a que esse público tem acesso).

> temos que assumir toda essa densidade, essa complexidade da produção porque boa parte da recepção está de alguma forma não programada, mas condicionada, organizada, tocada, orientada pela produção tanto em termos econômicos como em termos estéticos, narrativos e semióticos. (Martín-Barbero, 1995: 56)

Portanto, o que advoga esse autor é que a verdadeira proposta do processo de comunicação e dos meios não está nas mensagens, mas nos modos de interação que o próprio meio (TV, internet, revistas, jornal impresso) – transmite ao receptor. A recepção é um espaço de interação, é um processo de interação de sentido. Não é uma somatória de mensagens. É na circulação dos discursos, é no comentário sobre as mensagens que o público consumidor negocia sentidos.

As pesquisas atuais

Acreditando no potencial da abordagem dos estudos de recepção, Martín-Barbero oferece as chaves de investigação que dão continuidade a ela, especificamente, no contexto da América Latina. Aponta quatro linhas de investigação que vêm alcançando espaço notável nos grupos de pesquisa. Destacam-se: a) os estudos da vida cotidiana, b) os estudos sobre consumo, c) os estudos sobre estética e semiótica e, por fim, d) os estudos das narrativas dos gêneros.

O primeiro deles rompe com uma visão reprodutivista, ou seja, rompe com uma leitura que privilegia o cotidiano como espaço de reprodução da força de trabalho. Nessa linha de raciocínio, destaca um grupo de pesquisadores preocupados em compreender a audiência como construtora de uma cultura real. A vida cotidiana seria o espaço da produção de sentido da sociedade, perspectiva bastante próxima àquela que desenvolvemos no capítulo "Mídias: uma nova matriz de cultura". A vida cotidiana seria permeada por muitas formas de ver e sentir e, portanto, seria lugar de produção de socialidades, espaço de troca de sensibilidades e experiências. O sujeito social seria capaz de produzir um cotidiano, com demandas e preocupações legítimas, capaz, sobretudo, de dialogar com as produções hegemônicas de cultura. Por exemplo, seria interessante observar como um grupo de mulheres, donas de casa, compreende e se identifica com a história e personagem das novelas. Quais novelas elas preferem, aliás? Quais características do cotidiano dessas mulheres poderiam nos ajudar a compreender essas escolhas? Como elas se superariam a partir dos exemplos vividos na ficção?

A segunda linha de pesquisa que Martín-Barbero destaca é o consumo, ou seja, os usos e as formas variadas de consumo das mercadorias ou bens simbólicos de cada grupo social. As investigações encaminham-se na direção de explicitar:

a) As diferenças entre os grupos, os modos diferenciados de consumir material e simbolicamente os produtos midiáticos (quais as

diferenças de consumo de revistas entre as mulheres que são donas de casa e as que trabalham fora);
b) Os espaços de integração de comunicação de sentido, como circulação e popularização do sentido (tribos), abordagem que favorece a construção subjetiva de identidades dos grupos (quais os estilos musicais dos jovens da escola pública carioca e paulista, por exemplo);
c) O espaço de objetivação do desejo estimulado por uma sociedade hedonista e consumista (quais são os desejos de consumo de pais de camada média e camadas populares a partir de algumas publicidades);
d) O espaço de rito de criação de modelos de consumo que são heterogêneos nos diferentes segmentos sociais (qual a diferença do padrão da estética feminina entre patroas e empregadas domésticas seria uma boa ideia para apreender esses consumos).

Segundo essa perspectiva, todos esses aspectos interferem na recepção das mensagens e, portanto, agem na construção de sentidos entre os variados segmentos sociais.

Um terceiro eixo de investigação existente seria o relativo à recepção estética. Ou seja, estudos que centrariam o foco na interação dialógica entre as várias linguagens midiáticas. Enfatiza a interlocução entre emissor e receptor, negociações e pactos de leitura, outras maneiras de fazer a leitura, enfim diferentes estratégias de se relacionar com a polissemia e riqueza das mensagens visual e sonora, as possíveis fragmentações e composições. Seriam os estudos que investigam a utilização de vídeos, Youtubes, MySpaces, em que se destacam o hibridismo de linguagens, um misto de escrita, imagem e som, disponibilizados pela internet.

Por fim, os estudos dos gêneros ficcionais – novelas, esporte, noticiários. Partindo da hipótese de que os gêneros possuem estratégias de produção escrita e de leitura específicas para segmentos específicos, analisam as relações dos distintos modos de ver de um povo ou grupo social. Os gêneros tendem a endereçar-se a grupos particulares – homens, crianças, jovens – sendo cada um deles usufruídos em seu contexto natural de consumo (em casa, por exemplo), em estados de espírito particulares e em redes coletivas de significações. As pesquisas sobre gêneros encaram os programas não como simples doutrinação, mas como arte do entretenimento, bem como tenderiam a ver o consumo dos grupos a partir de suas competências culturais. Por exemplo, como os homens assistem à programação esportiva na TV aos domingos? Como os jovens se apropriam da programação da MTV?

Síntese

A perspectiva que foi apresentada neste capítulo se refere, sobretudo, aos estudos de recepção. Concentramos nossa discussão nas contribuições do pesquisador Jesús Martín-Barbero. Trata-se de uma leitura que tenta articular a especificidade da realidade das culturas da América Latina diante da forte presença da cultura das mídias no nosso cotidiano. Esse autor procura discutir o alcance e os limites das perspectivas anteriores, bem como se apropria de todo um conjunto de elementos que resultam em uma metodologia relacional entre as várias etapas do processo comunicativo.

Fugindo de leituras lineares e mecânicas do fenômeno da cultura das mídias, Martín-Barbero propõe uma leitura que tenta conciliar a produção, a difusão e a recepção do processo de criação da cultura midiática.

De certa forma, introduzindo no interior de suas teorizações o conceito de *mediação*, consegue formular de maneira mais sistemática a perspectiva anteriormente proposta por Edgar Morin nos anos 1960. Descentralizando a ênfase de análise das mídias ativas para um receptor ativo e participativo no processo de construção de sentido nas sociedades modernas, Martín-Barbero reclama um lugar específico para a etapa da recepção. Chama a atenção para o fato de que a recepção é um lugar de criação, é espaço e possibilidade de ressignificação e transformação de significados oferecidos pelas mídias.

O autor pontua de maneira didática as diferenças de uma visão linear e progressista de cultura. Fala-nos das contradições de nossa modernidade, das novas fragmentações e divisões das formações sociais contemporâneas. Contextualiza as apropriações singulares de cada grupo ou segmento social das mensagens midiáticas sem abandonar uma postura crítica e politizada dos condicionantes externos, culturais e hierárquicos estabelecidos pelos grupos produtores de mensagens economicamente dominantes.

Sugestão de atividade

LEITURA BÁSICA DO CAPÍTULO

WHITE, Robert A. Recepção: a abordagem dos estudos culturais. *Revista Comunicação & Educação*. São Paulo: ECA-USP/Moderna, n. 12, maio/ago. 1998.

MARTÍN-BARBERO, Jesús. América Latina e os anos recentes: o estudo da recepção em comunicação social. In: SOUZA, Mauro Wilton (org.). *Sujeito, o lado oculto do receptor*. São Paulo: Brasiliense/ECA-USP, 1995.

EXERCÍCIO DE SÍNTESE INDIVIDUAL

Toda leitura, para ser bem assimilada e compreendida, precisa passar por um processo de síntese e elaboração escrita. As questões a seguir facilitarão esse processo (pode-se, também, tomá-las como um roteiro de leitura).

MARTÍN-BARBERO, Jesús. América Latina e os anos recentes: o estudo da recepção em comunicação social. In: SOUZA, Mauro Wilton (org.). *Sujeito, o lado oculto do receptor*. São Paulo: Brasiliense/ECA-USP, 1995.

1 – Qual o objetivo do autor nesse texto?
2 – Qual seu principal argumento?
3 – É possível perceber com quem ele está dialogando? Quem seria?
4 – Como o autor define a etapa da recepção nos estudos de comunicação?
5 – Quais as principais fragmentações às quais um estudo de mediações deve estar atento?

6 – Quais as exclusões e demandas da cultura das camadas populares?
7 – Quais os cuidados que as pesquisas de recepção devem tomar?

TRABALHO EM GRUPO

O professor poderia distribuir o mesmo exemplar da revista *Superinteressante* em sua classe; em seguida dividi-la em grupos de alunos do sexo masculino e feminino. Em seguida, pedir a eles que escolham por ordem de importância quais as matérias que consideram mais relevantes. O objetivo é observar qual (ou quais) reportagem(ns) os alunos escolhem como as mais significativas dentro de seus interesses. Será que por serem de sexo diferente irão escolher distintas matérias? Ou a questão da idade irá aproximá-los? Ambas as possibilidades são possíveis.

Se o professor der aulas em duas escolas, uma pública e outra privada, pode fazer o mesmo exercício e comparar os resultados segundo a condição social de seus alunos. Certamente os resultados não serão os mesmos, pois os condicionamentos de ordem material e cultural são importantes variáveis nos estudos de recepção.

O mesmo exercício pode ser aplicado a alunos dos cursos diurno e noturno.

Leitura complementar

MARTÍN-BARBERO, Jesús. *Dos meios às mediações*: comunicação, cultura e hegemonia. Rio de Janeiro: Ed. UFRJ, 2003 [1987].

MARTÍN-BARBERO, Jesús; REY, Germán. *Os exercícios do ver*: hegemonia audiovisual e ficção televisiva. São Paulo: Senac, 2001 [1999].

A cibercultura, o ciberespaço e a educação

O objetivo deste capítulo é apresentar alguns aspectos relativos ao ambiente cultural inédito da vida social e das experiências educativas na atualidade, derivado das novas redes de comunicação virtual. Tomando como orientação a literatura recente sobre o tema, farei um breve apanhado sobre as principais ideias que circulam a respeito. Inicialmente, afirmo que grande parte dos estudos acerca desse tópico aponta que a cibercultura e o ciberespaço expressam o surgimento de um outro universal, diferente das formas culturais que vieram antes deles.

É curioso salientar que a primeira vez em que a palavra *ciberespaço* foi usada ocorreu em 1984, por William Gibson, em seu romance de ficção *Neuromante*. No livro, o termo designa o universo das redes digitais, descrito como campo de batalha entre as multinacionais, palco de conflitos mundiais.

No entanto, para um dos estudiosos mais renomados e autor de vários livros sobre o tema, o canadense Pierre Lévy, o *ciberespaço* é definido também como uma rede, isto é, um novo meio de comunicação que surge da interconexão mundial dos computadores e das memórias acopladas a eles. O termo especifica não apenas a infraestrutura material da comunicação digital, mas também o universo oceânico de informações que ele abriga, assim como os seres humanos que navegam e alimentam esse universo. Essa definição inclui o conjunto dos sistemas de comunicação eletrônicos (incluídos os conjuntos de redes hertzianas e telefônicas clássicas), pois essas também transmitem informações provenientes de fontes digitais ou destinadas à digitalização. Quanto ao seu correlato, a noção de cibercultura, o autor define como o conjunto de técnicas (materiais e intelectuais) práticas, atitudes, modos de pensamento e valores que se desenvolvem juntamente com o crescimento do ciberespaço.

> Pierre Lévy, nascido em 1956, é canadense, formado em filosofia e, atualmente, é professor da Universidade de Paris VIII (Departamento de Hipermídia), em Paris (França). Várias de suas obras já foram publicadas no Brasil. Entre elas, as mais renomadas são: *As tecnologias da inteligência: o futuro do pensamento na era da informática* (1993); *O que é o virtual* (1996); *A inteligência coletiva: por uma antropologia do ciberespaço* (1998); *As árvores do conhecimento* (1998); *Cibercultura* (1999) e *A conexão planetária: o mercado, o ciberespaço, a consciência* (2001).

Posto isso, a codificação analógica ou numérica (digital) das informações refere-se ao sistema de gravação e transmissão de dados de um ponto a outro da rede de computadores. Por exemplo, o disco de vinil codifica o som da forma analógica ao passo que o CD de áudio codifica-o digitalmente. Com o avanço tecnológico, atualmente, o rádio, a TV, o cinema e a fotografia podem ser codificados de maneira analógica ou digital. Dessa forma, as informações podem viajar diretamente de sua forma digital, através de cabos coaxiais de cobre, por fibras óticas ou por via hertziana (ondas eletromagnéticas) e, portanto, como ocorre quando usam a rede telefônica, passar por satélites de telecomunicações.

Em 1964, o primeiro satélite de comunicação, o *Telstar*, surge para romper com antigas formas de representação do mundo, possibilitando a cobertura de informações para todas as áreas do planeta.

Digitalizar uma informação consiste em traduzi-la em números. Quase todas as informações podem ser codificadas dessa forma. Quaisquer imagens ou sons podem ser traduzíveis ou representados por uma série de números. Em seguida, os documentos codificados podem ser transmitidos e copiados quase indefinidamente sem perda de informação.

Pode-se dizer que as novas tecnologias responsáveis pelo surgimento do ciberespaço e da cibercultura surgiram no século XIX. Será na segunda metade daquele século que uma série de inovações midiáticas aparecerá, mudando definitivamente as maneiras de se conceber o tempo e o espaço humanos. A começar com as invenções, em 1837, do telégrafo elétrico, do telefone em 1875, do telégrafo por ondas hertzianas, em 1900, bem como do cinema, em 1899. Nesse sentido, uma série de artefatos eletroeletrônicos ajudou o desejo do homem de operar a distância.

Entretanto, segundo especialistas, o que chamamos de novas tecnologias de comunicação e informação surge, a partir de 1975, com a fusão das telecomunicações analógicas com a informática, possibilitando a veiculação sob um mesmo suporte – o computador – de diversas formatações de mensagens.

> Entre os estudiosos da cibercultura no Brasil, destacamos a figura de André Lemos. Brasileiro, doutor em sociologia pela Universidade René Descartes, Paris V, Sorbonne, é professor adjunto da Faculdade de Comunicação da Universidade Federal da Bahia, e vem seguindo de perto o debate entre autores franceses. É coordenador do Centro Internacional de Estudos e Pesquisa em Cibercultura, da UFBA.

Vale lembrar que os primeiros computadores surgiram na Inglaterra e nos EUA, em 1945. Por muito tempo reservado aos militares para cálculos científicos, o uso civil dos computadores disseminou-se nos anos 1960. Nos anos 1970, observamos uma alteração tecnológica significativa com o uso da computação em centros universitários e, sobretudo, um pouco mais tarde, com o surgimento do computador pessoal (PC), facilitando seu uso para a população em geral. Os anos 1980 marcam o surgimento da multimídia. Nesse período, verificamos um aumento exponencial das performances dos equipamentos associado à baixa contínua e expressiva dos preços. Segundo Lemos, para termos uma ideia do avanço tecnológico na área, no período de 1956 a 1996, os discos rígidos (espaços de memória) dos computadores multiplicaram por 600 a sua capacidade de armazenamento e por 720 mil a densidade da informação armazenada.

É possível afirmar que as tecnologias digitais surgiram como uma infraestrutura do ciberespaço, um novo espaço de comunicação, de sociabilidade, de organização e de transação, mas também um novo mercado da informação e do conhecimento.

As novas tecnologias digitais surgem com o advento da microeletrônica, na segunda metade da década de 1970, através de convergências e fusões entre a informática e as telecomunicações.

Para Pierre Lévy, o computador não deve ser visto como um centro, mas sim como um nó, um terminal, um componente da rede universal de comunicação. Suas funções pulverizadas infiltram cada elemento do tecnocosmos. A universalização da cibercultura propaga a copresença e a interação de quaisquer pontos do espaço físico, social ou informacional. Nesse sentido, ela é complementar a uma segunda tendência fundamental, a virtualização.

Por virtualização podemos compreender um novo modo de ser e estar no mundo, que possibilita processos de criação, relação e contatos sociais em situação de não presença física.

Caracterização do fenômeno enquanto cultura

Para os estudiosos do tema, compreender a cibercultura unicamente pela sua dimensão técnica é um reducionismo. Defendem a ideia de que a cada época da humanidade vemos corresponder uma cultura técnica particular. Para eles, a cultura contemporânea, associada às tecnologias digitais, vai criar uma nova relação entre a técnica e a vida social que chamamos de cibercultura.

Nem a salvação, nem a perdição residem na técnica. Sempre ambivalentes, as técnicas projetam no mundo material nossas emoções, intenções e projetos. Nesse sentido, a noção de impacto não traduziria a realidade das novas tecnologias; essas não seriam um projétil e a cultura um alvo ou objeto vivo. Ou seja, a tecnologia não é um ator separado da sociedade e da cultura. Ao contrário, as técnicas são imaginadas, fabricadas e reinterpretadas durante seu uso pelos homens, como é o próprio uso intensivo de ferramentas que constitui a humanidade enquanto tal. O mundo humano é, ao mesmo tempo, técnico e cultural. As tecnologias são produtos de uma cultura e de uma sociedade; a separação entre elas é apenas conceitual.

Dessa forma, segundo Pierre Lévy, é impossível separar o mundo humano de seu ambiente material, assim como é difícil separá-lo dos signos e imagens por meio dos quais o indivíduo atribui sentido à vida e ao mundo. Da mesma forma, não podemos separar o mundo material – e menos ainda sua parte artificial – das ideias por meio das quais os objetos técnicos são concebidos e utilizados pelos humanos que os produzem.

As novas tecnologias não só estão presentes em todas as atividades práticas do mundo do trabalho, como também se tornam vetores de experiências do cotidiano. Por exemplo, vemos sua presença nos terminais bancários, nos celulares, nos cartões de crédito, no acesso à internet, ou seja, a cultura *ciber* está em todo lugar.

Posto isso, segundo essa perspectiva, as práticas no ciberespaço carregam consigo uma dimensão socializadora, promovem uma rede social complexa e não apenas tecnológica. A cibercultura vai se caracterizar pela formação de uma sociedade estruturada através de uma conectividade telemática generalizada, ampliando o potencial comunicativo, proporcionando a troca de informações sob as mais diversas formas, bem como fomentando agregações sociais.

Para os estudiosos do tema, o termo multimídia interativa expressa bem o espírito tecnológico de nossa época, caracterizando-se por uma hibridação de diversos dispositivos, *chips* e memórias eletrônicas. Uma forma universal e descentralizada de circulação de informações.

Para melhor caracterizar o fenômeno, lembro que a tecnologia digital proporciona uma dupla ruptura no que se refere à formação e difusão da informação. Ou seja, uma ruptura no modo de conceber a informação (produção de processos microeletrônicos e digitalização dos dados) e uma ruptura no modo de difundir as informações (modelo de difusão generalizada).

No que se refere a esse segundo ponto, devemos observar a coexistência de um modelo informal de comunicação face a face, uma relação direta do homem com o mundo; depois um modelo da comunicação de massa em que a linguagem, signos e palavras se autonomizam, ou seja, criam uma vida própria, como vimos aqui, no capítulo "Mídias: uma nova matriz de cultura". Uma espécie de comunicação sem interatividade, cujo ícone seria a TV e, por último, um modelo de redes de comunicação informatizadas, na forma de rizoma – redes digitais, caracterizadas pela livre circulação da mensagem, agora não mais editadas por um centro, mas disseminadas de forma transversal e participativa.

Pierre Lévy e seus seguidores apostam na ideia de que a cibercultura, além de levar a copresença das mensagens de volta a seu contexto como ocorria nas sociedades orais, leva-a em outra escala, em uma órbita diferente. Isto é, a nova universalidade proposta pela rede de computadores não se reduziria mais na autossuficiência dos textos escritos, na fixação de ideias e na independência das significações. Ela se constrói e se estende por meio da interconexão das mensagens entre si, por meio de sua vinculação permanente com as comunidades virtuais em criação.

Uma perspectiva crítica

Pierre Lévy, em seu livro *Cibercultura*, diz que aqueles que denunciam o fenômeno das tecnologias da informação e da comunicação têm uma estranha semelhança com aqueles que desprezaram o rock nos anos 1950 e 1960. Para ele, o rock era uma expressão de resistência cultural e se tornou uma indústria. No entanto, esse fato não impediu que o rock fosse porta-voz de aspirações de uma enorme parcela da juventude mundial. Mais do que isso, essas afirmações não significam que tudo o que se produziu a partir do rock ou tudo o que é derivado das redes digitais seja bom. Assim, alerta que versões polarizadas sobre a realidade nas novas tecnologias não devem fazer parte do debate acadêmico.

Concordando com esse autor, é importante salientar que as técnicas carregam consigo projetos, esquemas imaginários, implicações sociais e culturais bastante variados. Dessa forma, não se pode falar dos efeitos socioculturais nocivos ou do sentido da técnica em geral. Por trás das técnicas, agem e reagem ideias, projetos sociais, utopias, interesses econômicos, estratégias de poder, toda gama dos jogos dos homens em sociedade. Portanto, a atribuição de um sentido único à técnica é sempre equivocada. Se por um lado, o desenvolvimento das cibertecnologias é encorajado por Estados que perseguem uma supremacia militar, por outro, esse mesmo desenvolvimento pode responder a propósitos de usuários que procuram aumentar a autonomia dos indivíduos e multiplicar suas faculdades cognitivas.

Segundo esse raciocínio, a emergência do ciberespaço acompanha, traduz e favorece uma evolução geral da civilização. Ou seja, uma técnica é produzida dentro de uma cultura e dessa forma a sociedade correspondente encontra-se condicionada por suas técnicas. As técnicas abrem algumas possibilidades, promovem algumas opções culturais que não poderiam ser pensadas sem a sua presença. Por exemplo, a prensa de Gutenberg não determinou a crise da Reforma Protestante, mas condicionou e trabalhou em sinergia com este processo. Uma técnica não é boa, má ou neutra.

Pierre Lévy, entre outros, afirma que na modernidade prevaleceu o imaginário da homogeneização e da racionalidade. A tipografia e a escrita estariam ligadas ao racionalismo. A imprensa é a técnica do individualismo porque sua prática implica uma atividade solitária. Nesse sentido, a escrita e, depois a imprensa, teriam destribalizado os homens, ou seja, teriam possibilitado o isolamento dos sujeitos sociais. Ao contrário, a eletrônica e as multimídias parecem provocar o retorno das comunidades, podem estimular os agrupamentos. Os computadores em rede, segundo Lévy, parecem ir em direção oposta da cultura do impresso, que está próximo ao espírito de comunidade anterior. O ciberespaço provoca o desejo da conexão.

Por outro lado, alguns autores, como Paul Virilio e Lucien Sfez, a partir de outra perspectiva, criticam as novas TICs, pois para eles as novas tecnologias provocam o esquecimento e a passividade de seus usuários. Para eles, vivemos iludidos, pois apenas trocamos informações e não nos comunicamos ou interagimos com os demais parceiros. O ciberespaço não privilegia a reflexão, pois não favorece o debate nem a memória.

> Paul Virilio nasceu em Paris em 1932. Arquiteto, urbanista, filósofo, ex-diretor da Escola de Arquitetura de Paris, tem se destacado como um dos principais ensaístas sobre os meios de comunicação, a guerra da informação e o mundo cibernético. Nos últimos anos, Paul Virilio vem se notabilizando como uma voz cética, quase uma nova dissidência, diante de uma sociedade desenfreadamente informatizada em que o cidadão é vítima de um constante bombardeio (des)informacional.
>
> As obras de Lucien Sfez são referências para estudantes e pesquisadores de comunicação, ciências políticas, sociologia e outras áreas. Ele é autor dos livros *Crítica da comunicação* e *Dicionário crítico das ciências da comunicação*. Professor da Universidade de Sorbonne – Paris I, o cientista dirige a Formação Doutoral em Ciências Políticas e o Departamento de Estudos em Comunicação, Tecnologia e Política. Também é editor da revista *Quaderni*, um espaço de discussão sobre comunicação, tecnologia e política.

O tempo no ciberespaço é regido pelo reflexo e não pela reflexão.

O que se transporta são informações e não sensações humanas. Para esses críticos, o tempo real e a velocidade mudaram a relação do homem com o ambiente urbano, social e cultural. O usuário das tecnologias tornou-se um receptor passivo, tendo que responder a estímulos imediatos. Isso propiciaria uma compreensão parcial de sua performance e experiência societárias. Segundo essa leitura, caminhamos para uma espiral destrutiva, em que a vida estaria sofrendo uma radicalização da sociedade do espetáculo, uma desumanização devida à racionalização técnica e social. Próximos de uma leitura frankfurtiana, esses autores compreendem o ciberespaço como um deserto do real, espaço de cultura que promove relações frias e impessoalizadas. Pessoas isoladas e encapsuladas em um mundo virtual viveriam a falsa sensação de integração.

Da aposta ao sentido comunitário e sua realização

Contrário a essa versão do ciberespaço, Pierre Lévy considera que a modernidade pode ser caracterizada pelo advento de grupos em franca oposição ao individualismo e isolamento comuns à experiência social contemporânea. Segundo o autor, para dar conta das relações sociais da atualidade, não se pode falar mais a partir de um ponto de vista individualista, contratual, derivado de uma estrutura social predefinida. Ao contrário, deve-se estar atento aos múltiplos papéis dos sujeitos sociais. Esses se configuram como personalidades complexas, cuja principal preocupação é com o aqui e o agora.

Assim, a modernidade instauraria mudanças de sensibilidade, discursos e práticas entre os sujeitos em busca de uma vida mais coletiva. As novas tecnologias devem ser consideradas, pois, em função de seu potencial de comunicação bidirecional entre indivíduos e grupos, escapando da difusão centralizada da informação massiva. Em todas as TICs estariam embutidas as noções de interatividade e de descentralização da informação.

As mídias, segundo Lévy, modificam nossa visão de mundo. A imprensa mudou o mundo da cultura oral do mesmo modo como a virtualização estaria modificando o que ele chama de *media* do individualismo e do racionalismo. Assim, as novas mídias estariam favorecendo a reorganização dos grupos, o retorno à oralidade e à simultaneidade. Mais do que isso, elas estariam prolongando nosso corpo, seriam uma espécie de prótese de nossos sentidos, extensão de nosso sistema nervoso central.

A cibercultura, caracterizada pela transversalidade, descentralização e interatividade, segundo Lévy, favoreceria a interação dos grupos e dos indivíduos, instaurando outras formas de integração social. Para ele, o ciberespaço é universal sem ser totalitário, pois possibilita fluxos interativos bidirecionais, imediatos e planetários, sem uma homogeneização dos sentidos, potencializando vozes e visões diferenciadas.

De acordo com essa leitura, a cibercultura seria uma configuração sociotécnica em que haverá modelos interativos associados a tecnologias digitais, opondo-se ao individualismo da cultura moderna e tecnocrática do impresso. Nesse sentido, a tecnologia que, segundo uma visão frankfurtiana, foi instrumento de alienação, vê-se investida, hoje, pelas potências da socialidade, ou seja, a interatividade de novos agrupamentos sociais. Essas notáveis ferramentas estão sendo usadas para a efervescência social (compartilhamento de emoções, de convivialidade e de formação comunitária).

Seguindo esse raciocínio, a cibercultura não é o resultado linear e determinista de uma programação técnica do social. É uma apropriação simbólica e social da tecnologia. A cibercultura se cria por uma astúcia dos usos, uma invenção do cotidiano em direção à convivialidade. Ela é fruto de novas formas de relação social. Se a tecnocultura engessou a vida social, a cibercultura contemporânea parece possibilitar novas formas de reencantamento social através de diversas agregações grupais.

Blogs, redes sociais (como o Orkut), ferramentas de conversação instantânea (como o MSN Messenger), *chats* e listas de discussão são algumas das expressões de novas formas de interação social.

A cibercultura é um exemplo forte dessa vida social que se quer presente e que tenta romper e desorganizar o deserto racional, objetivo e frio da tecnologia moderna.

Outra ideia importante para se compreender o potencial integrador da cibercultura seria a noção de inteligência coletiva. Expressão cunhada pelo filósofo Pierre Lévy, a *inteligência coletiva* pode ser definida como o resultado do estabelecimento de uma sinergia entre competências, recursos e projetos. Trata-se da constituição e da manutenção de dinâmicas de memória em comum, ou seja, refere-se à ativação de modos de cooperação flexíveis e transversais, implica a distribuição coordenada dos centros de decisão, que se opõem à separação estanque entre as atividades ou as compartimentalizações da organização social.

Para Lévy, quanto mais os processos de inteligência coletiva se desenvolvem, mais se questionam os diversos poderes; quanto mais nos alimentamos das redes de integração, indivíduos e grupos melhor se apropriam das alterações técnicas, e menores são os efeitos de exclusão. O ciberespaço, dispositivo de comunicação interativo e comunitário, apresenta-se como um dos instrumentos privilegiados da inteligência coletiva.

Devido a seu aspecto participativo, socializante, descompartimentalizante e emancipador, a inteligência coletiva proposta pela cibercultura constitui um dos melhores remédios para o ritmo desestabilizante da mutação técnica, pois permite o acompanhamento da evolução tecnológica e seus usos.

Em síntese, concordando com Lévy, Lemos afirma também que a tecnologia que foi durante a modernidade um instrumento de racionalização, de separação e de hierarquização social parece transformar-se numa ferramenta convivial e comunitária. A socialidade disponibilizada pela cibercultura marcaria os agrupamentos urbanos contemporâneos.

A nova socialidade contemporânea seria uma forma de se rebelar com as formas institucionais e cristalizadas das relações de poder. Os novos agrupamentos sociais se referem à vontade de estar junto, em que o importante é a emoção de compartilhar sensações, favorecendo uma cultura dos sentimentos e ou relações grupais de empatia.

A comunicação proporcionada pelas telecomunicações implica o reconhecimento do outro, a aceitação e a ajuda mútuas, a cooperação, a associação, a negociação para além das diferenças de pontos de vista e interesses. As telecomunicações são responsáveis de fato pelo contato amigável, de transações contratuais, de transmissão de saber, de trocas de conhecimentos, de descoberta pacífica das diferenças.

Ressalvas

Mas será que é possível acreditar que o potencial agregador das TICs se realize de maneira uniforme e generalizada? De fato, é forçoso reconhecer que as novas tecnologias criam distintas condições societárias e possibilitam inesperadas ocasiões para se estimular o sentimento de pertencimento entre as pessoas e sociedades. Contudo, as TICs não determinam automaticamente nem as trevas nem a iluminação para a humanidade.

O crescimento do ciberespaço não determina automaticamente o desenvolvimento da inteligência coletiva, apenas fornece a essa inteligência um ambiente propício. Cabe aos próprios grupos criarem as condições socioculturais pertinentes à realização desse ideal.

O ciberespaço e a cibercultura e suas implicações para a educação

"Qualquer reflexão sobre o futuro dos sistemas de educação e de formação na cibercultura deve ser fundada em uma análise prévia da mutação contemporânea da relação com o saber."

Essa frase, de autoria de Pierre Lévy, deve ser incorporada ao nosso cotidiano como educadores. De fato, nossa relação com o saber mudou com o advento das TICs. Ou seja, é forçoso constatar que a velocidade de surgimento, bem como o ritmo da renovação dos saberes em todas as áreas do conhecimento, é geral. Pela primeira vez, a formação de um indivíduo pode se tornar obsoleta com o passar de alguns anos de diplomação. Como desdobramento dessa ideia, a segunda constatação diz respeito à natureza do trabalho, cujos conhecimentos não param de crescer. De acordo com Lévy, trabalhar, na atualidade, quer dizer também aprender, transmitir saberes e produzir conhecimentos. Como terceira constatação, base para os processos educativos, observamos que o ciberespaço sustenta tecnologias intelectuais que amplificam, exteriorizam e modificam numerosas funções cognitivas humanas.

É importante, para nós educadores, realizarmos que a nossa memória social conta agora com o auxílio de uma memória tecnológica, visualizada nos bancos de dados, nos hiperdocumentos e arquivos digitais. Somada a essa potencialização do volume de memória, nossa imaginação transcenderá os corpos humanos, auxiliada pelas técnicas de simulações. Dessa forma, é possível compreender que nossa percepção se enriquecerá a partir de sensores digitais, a partir da telepresença, ou com o manejo de realidades virtuais. Posto isso, estamos a um passo de novos raciocínios mentais e cognitivos disponibilizados pelas tecnologias digitais e virtuais.

Essas tecnologias intelectuais favorecem, pois, novas formas de acesso à informação. Agora é possível a navegação por hiperdocumentos, caça a informações através de mecanismos de pesquisa. As novas tecnologias predispõem, ainda, novos estilos de raciocínio e de conhecimento, tais como a simulação, verdadeira industrialização da experiência do pensamento que não advém nem da dedução lógica nem da indução a partir da experiência.

Desse raciocínio, podemos deduzir que o que é preciso aprender não pode ser mais planejado nem precisamente definido com antecedência. Os percursos de investigação nos processos de formação educativa são singulares para cada indivíduo. Pierre Lévy alerta que no lugar de uma representação do conhecimento e dos saberes por esquemas lineares ou em pirâmides hierarquizadas pela noção de pré-requisitos que convergem para saberes superiores, a partir de agora, devemos considerar a imagem de conhecimentos emergentes, abertos, contínuos, em fluxo, se reorganizando de acordo com os objetivos ou contextos nos quais cada um ocupa uma posição singular.

Segundo Lévy, é a partir desse argumento que surgem duas reformas necessárias. Trata-se do ensino aberto e a distância – EAD – com a devida familiarização de seus dispositivos. Nesse contexto, o professor é incentivado a se tornar um animador da inteligência coletiva de seus grupos de alunos em vez de um fornecedor direto do conhecimento.

A segunda reforma é o reconhecimento das experiências adquiridas. Se as pessoas aprendem com suas atividades sociais e profissionais, se a escola e a universidade perdem progressivamente o monopólio da criação e da transmissão do conhecimento, os sistemas públicos de educação podem ao menos tomar para si a nova missão de orientar os percursos individuais do saber e de contribuir para o reconhecimento dos conjuntos de saberes pertencentes às pessoas, aí incluídos os saberes não acadêmicos.

Entretanto, para Pierre Lévy, instituições, comunidades, grupos e indivíduos têm necessidade de construir um sentido, de criar zonas de familiaridade, de organização a proliferação crescente de informações. Contudo, cada um deve construir totalidades parciais à sua maneira, de acordo com seus próprios critérios de pertinência.

Não é à toa, lembra Lévy, que as metáforas centrais de busca e de relação com o saber são hoje a navegação e o surfe, que implicam uma capacidade de enfrentar ondas, redemoinhos, correntes e ventos contrários, sem fronteiras, em constante mudança. Em contrapartida, as velhas metáforas da pirâmide, da escala ou do *cursus* trazem o sentido das hierarquias imóveis de antigamente.

Se nas sociedades orais, o saber prático, mítico e ritual era encarnado pela comunidade viva, com o surgimento da escrita, o saber passou a ser transmitido pelo livro e pelo intérprete que dominava o conhecimento. Na atualidade, todavia, o saber é estruturado por uma rede de re-emissões, assombradas pelo hipertexto. A desterritorialização ou virtualização da biblioteca que assistimos, hoje, talvez seja o prelúdio de outra forma de relação com o conhecimento.

Dessa forma, por uma espécie de retorno em espiral à oralidade original, o saber poderia ser transmitido pelas comunidades humanas vivas e não mais por suportes separados fornecidos por sábios ou intérpretes. O ciberespaço seria o portador do saber, a região dos mundos virtuais por meio dos quais as comunidades descobrem e constroem seus objetos e conhecem a si mesmas como coletivos inteligentes.

Os bancos de dados de imagens, as simulações interativas e as conferências eletrônicas asseguram um conhecimento do mundo superior ao da abstração teórica. Ou antes, esses novos suportes definem a nova forma de conhecimento.

Entre os novos modos de conhecimento trazidos pela cibercultura, a simulação ocupa um lugar central. Em uma palavra, trata-se de uma tecnologia intelectual que amplifica a imaginação individual (aumento de inteligência) e permite que grupos compartilhem, negociem e refinem modelos mentais comuns (aumento da inteligência coletiva). Para ampliar e transformar determinadas capacidades cognitivas humanas (a memória, o cálculo, o raciocínio especialista), a informática exterioriza parcialmente essas faculdades em suportes digitais.

Tanto no plano cognitivo como no da organização do trabalho, as tecnologias intelectuais devem ser pensadas em termos de articulação e de criação de sinergia.

Para Pierre Lévy, as técnicas de simulação, em particular aquelas que utilizam imagens interativas, não substituem os raciocínios humanos, mas prolongam e transformam a capacidade de imaginação e de pensamento. Ainda que possamos evocar mentalmente a imagem do castelo de Versailles, não conseguimos contar suas janelas de cabeça. O grau de resolução da imagem mental não é suficiente.

A simulação é um modo especial de conhecimento, próprio da cibercultura. Na pesquisa, seu maior interesse não é, obviamente, substituir a experiência, nem tomar o lugar da realidade, mas sim permitir a formulação e a exploração rápidas de grande quantidade de hipóteses. De fato, essa interconexão favorece os processos de inteligência coletiva nas comunidades virtuais e, graças a isso, o indivíduo se encontra menos desfavorecido frente ao caos informacional.

Segundo Lévy, o ideal mobilizador da informática não é mais a inteligência artificial, mas a inteligência coletiva, a saber, a valorização, a utilização otimizada e a criação de sinergia entre as competências, as imaginações e as energias intelectuais. Esse ideal da inteligência coletiva passa pela disponibilização da memória, da imaginação e da experiência, por uma prática banalizada de troca dos conhecimentos, por novas formas de organização e de coordenação flexíveis e em tempo real.

Contudo, o próprio autor diz que, se as novas tecnologias favorecem o funcionamento dos grupos humanos em inteligência coletiva, deve-se repetir que não o determinam automaticamente. A defesa de poderes exclusivos, a rigidez institucional, a inércia das mentalidades e das culturas podem levar a usos sociais das novas tecnologias que sejam muito menos positivos de acordo com critérios humanistas.

Em resumo, segundo essa perspectiva, em algumas dezenas de anos, o ciberespaço, suas comunidades virtuais, suas reservas de imagens, suas simulações interativas, sua irresistível proliferação de textos e signos serão mediadores essenciais da inteligência coletiva da humanidade. Com esse novo suporte da informação e de comunicação, emergem gêneros de conhecimento inusitados, critérios de avaliação inéditos para orientar o saber, novos atores da produção e um tratamento original dos conhecimentos.

O papel do professor

Para Pierre Lévy, em seu livro *Cibercultura*, os sistemas educativos encontram-se hoje submetidos a novas restrições no que diz respeito à quantidade, diversidade e velocidade de evolução dos saberes. Para ele, não será possível aumentar o número de professores proporcionalmente à demanda de formação que se apresenta cada vez maior em todos os países.

Lembra o autor que a demanda de formação não apenas conhece um enorme crescimento quantitativo, mas sofre ainda uma profunda mutação qualitativa no sentido de uma necessidade crescente de diversificação e de personalização na aquisição do conhecimento. Vemos que o novo paradigma da navegação que se desenvolve nas práticas de levantamento da informação e de aprendizagem cooperativa, no centro do ciberespaço, mostra um acesso ao conhecimento ao mesmo tempo massificado e personalizado.

Os suportes hipermídia (como CDs e bancos de dados multimídia) permitem acessos intuitivos rápidos, atraentes a grandes conjuntos de informações. Com os hipertextos, a liberdade de navegação do usuário desestabiliza distinções clássicas entre leitor e autor.

No ciberespaço, tornamo-nos não leitores simplesmente, mas atores, exploradores, navegadores. Segundo André Lemos, a ação não obedece a percursos determinados *a priori* (linearidade), mas pode ser feita por desvios, conexões, adições (*links*) como uma forma de passeio pelo espaço cibernético, como um *flâneur* digital.

Lemos continua afirmando que a recepção de uma mensagem pode colocar em jogo diversas modalidades perceptivas. Por exemplo, o impresso coloca em jogo a visão e o tato. Desde que o cinema é falado, ele demanda dois sentidos: a visão e a audição. Contudo, as realidades virtuais podem colocar em jogo a visão, a audição, o tato e a sinestesia (sentido interno dos movimentos do corpo).

Os especialistas reconhecem que a distinção entre ensino presencial e ensino a distância será cada vez menos pertinente já que o uso das redes de telecomunicações e dos suportes multimídias interativos vem sendo progressivamente integrado às formas clássicas de ensino. Concordando com Lévy, é preciso estabelecer novos paradigmas de aquisição de conhecimentos e de constituição de saberes.

A direção mais promissora no domínio educativo e que traduz a perspectiva da inteligência coletiva é a da aprendizagem cooperativa.

Para Lévy, é hora de considerar que os professores aprendem ao mesmo tempo que os estudantes e atualizam continuamente tanto seus saberes disciplinares, como suas competências pedagógicas. Nesse sentido, a principal função do professor não pode ser mais a difusão dos conhecimentos que agora é feita de maneira mais eficaz por outros meios.

A competência do professor deve se deslocar no sentido de incentivar a aprendizagem e o pensamento. O professor se torna um animador da inteligência coletiva dos grupos que estão em seu encargo. Sua atividade será centrada no acompanhamento e na gestão das aprendizagens; do incitamento à troca de saberes, à mediação relacional e simbólica, a pilotagem personalizada dos percursos de aprendizagem. A proposta é um aprendizado contínuo.

Síntese

Tomando como paradigma de discussão a perspectiva de Pierre Lévy e André Lemos, coloca-se em xeque a vulgata midiática sobre a pretensa frieza do ciberespaço. Segundo essa leitura, as redes digitais interativas são fatores potentes de personalização, socialização ou de apropriação de conhecimentos variados. Lembrando um exemplo dado por Lévy, sempre ouvimos dizer que as pessoas se isolam diante da tela do computador, mas raramente dizemos que elas se isolam diante de um livro.

O argumento central dessas leituras alerta para o fato de que os suportes das TICs estruturam uma nova ecologia cognitiva nas sociedades da atualidade. Chamo a atenção para o fato de que se instauram nessa nova configuração de cultura aprendizagens permanentes e personalizadas de navegação em que a orientação dos estudantes e professores passa a ser dirigida para um espaço do saber flutuante e destotalizado. As aprendizagens cooperativas e a inteligência coletiva no centro de comunidades virtuais favorecem uma desregulamentação parcial dos modos de reconhecimento dos saberes hierarquizados, promovendo um gerenciamento dinâmico das competências em tempo real. Nesse sentido, esses processos sociais atualizam a nova relação com o saber.

Sugestão de atividade

LEITURA BÁSICA DO CAPÍTULO

Lévy, Pierre. *Cibercultura*. São Paulo: Editora 34, 1999.
Lévy, Pierre. *As tecnologias da inteligência*: o futuro do pensamento na era da informática. São Paulo: Editora 34, 1993.

EXERCÍCIO DE SÍNTESE INDIVIDUAL

Toda leitura, para ser bem assimilada e compreendida, precisa passar por um processo de síntese e elaboração escrita. As questões a seguir facilitarão esse processo (pode-se, também, tomá-las como um roteiro de leitura).

LÉVY, Pierre. *Cibercultura*. São Paulo: Editora 34, 1999.
1 – Como o autor define cibercultura e ciberespaço?
2 – Como o autor define a noção de inteligência coletiva?
3 – Qual o papel do professor e do aluno nessa nova configuração de cultura?

TRABALHO EM GRUPO

Alunos e professores poderão construir um blog a fim de estimular a interação e a troca de informações entre os integrantes do grupo e no final de um certo período, fazer uma análise do conteúdo, das trocas de informação e do tipo e postagem e acesso experimentado por aquela comunidade virtual.

Leitura complementar

LÉVY, Pierre. *O que é o virtual?* São Paulo: Editora 34, 1996.
LEMOS, André. *Cibercultura*: tecnologia e vida social na cultura contemporânea. Porto Alegre: Sulina, 2007.
LEMOS, André; PALÁCIOS, Marcos. *Janelas do ciberespaço*: comunicação e cibercultura. Porto Alegre: Sulina, 2004.
KENSKI, Vani Moreira (org.). Educação e tecnologias. *Revista Educação e Pesquisa*. São Paulo, n. 2, v. 29 jul./dez. 2003. Disponível em: <http://www.scielo.br/scielo.php?script=sci_serial&pid=0102-2555&lng=en&nrm=iso>. Acesso em: 13 jan. 2010.

Considerações finais

As discussões relativas às interfaces entre educação e mídias estão ainda em fase de consolidação. Ainda que um grupo de estudiosos venha se debruçando sobre esse tema, falta um corpo de pesquisas teóricas e empíricas com visibilidade acadêmica nacional. Nesse sentido, este livro visa contribuir com essa discussão, fazendo um esforço de pensar as interfaces entre os desafios da educação contemporânea e a educação midiática na formação da cultura das novas gerações.

Partindo de ideias e discussões de autores consagrados, o objetivo deste livro foi refletir sobre a importância das mídias na formação da criança e do jovem na sociedade contemporânea. Era intenção também observar as relações de complementariedade entre a cultura que trazemos a partir de nossas experiências anteriores e a cultura midiática. Partindo de um conceito amplo de educação, considero a hipótese de que a matriz de cultura midiática tem força e responsabilidades no processo de socialização atual, todavia não tem o monopólio na formação de nossa consciência.

A proposta deste livro nasceu da necessidade de melhor contextualizar o papel das mensagens da cultura das mídias para amplos segmentos da população brasileira, fugindo dos dogmatismos e dos juízos de valor. Criticados e muitas vezes vistos como pura manipulação, as tecnologias e os conteúdos propostos pelas mídias há muito vem ajudando a construir a formação cultural do brasileiro.

Como visto ao longo do livro, as mensagens veiculadas pela cultura das mídias se constituem de um conjunto de símbolos, mitos e imagens que dialogam com a vida cotidiana e a vida imaginária de todos nós. As mensagens publicitárias, os enredos da ficção dos filmes ou das reportagens impressas se alimentam dos conteúdos da cultura particulares de todos nós. Como uma cultura híbrida, a cultura das mídias se alimenta de outras matrizes culturais.

Chamou a atenção, também, para que a produção cultural, incluindo a cultura das mídias, fosse compreendida como um estudo integrado das formas simbólicas – ações, objetos, produções e linguagens – que têm origem na sociedade ocidental e capitalista dos últimos dois séculos (XIX e XX). A cultura das mídias é resultado de um processo historicamente específico e socialmente datado que ainda está em andamento.

Assim como as técnicas e os conteúdos escolares, as tecnologias e as mensagens expressas pelas mídias também são submetidas a um prévio trabalho de seleção. A partir de critérios do mercado, procura-se escolher informações, narrativas ou saberes pelos quais a sociedade de certa forma se interessa. Em outras palavras, para se conquistar audiências ou um público consumidor fiel a seus produtos, a cultura das mídias deve se preocupar em exercer um trabalho contínuo de escuta, deve estar aberta a travar diálogos com seu público.

Para reforçar esse argumento, valeria lembrar que a fotografia e o cinema – exemplos característicos dessa nova cultura – já estavam presentes no Brasil desde o início do século XX. Mais recentemente, estas e outras profusões de imagens provenientes da TV, computadores e *outdoors*, impuseram uma nova forma de receber e perceber as representações *do* e *sobre* o mundo. Como vimos, a partir das discussões de Walter Benjamin, as múltiplas linguagens e os conteúdos que as mídias nos oferecem exploram novas sensibilidades, provocam mudanças em nosso aparelho perceptivo e cognitivo, bem como estimulam alterações no processo de aprendizado de todos nós. Para nós, educadores, é interessante observar como as novas gerações têm familiaridade com os controles remotos, telefones celulares e, sobretudo, com as mídias e seus programas interativos.

Concluo esse trabalho considerando que as transformações nas técnicas de reprodução da cultura impressa em livros, revistas e da cultura imagética da TV, cinema, publicidade e internet, no Brasil, puderam abrir brechas para o surgimento de uma tradição e de uma familiaridade com os recursos impressos, visuais e sonoros em nosso meio e precisamos compreender o papel que eles ocupam na atualidade.

Procurando investigar nossa familiaridade com a produção midiática, o que interessa salientar, contudo, é que a música, a novela, o humor, na ficção e na revista em quadrinhos, e mais recentemente a internet, estiveram e estão presentes nos lares brasileiros simultaneamente, ou antes, que a escola deixasse suas marcas em amplos segmentos da população.

No que se refere à TV, estudiosos vêm assinalando há muito o quanto a ficção televisiva vem, ao longo de sua história, construindo e veiculando uma visão sobre a realidade do brasileiro, seus valores e necessidades. Na produção de minisséries, seriados ou novelas, a história do país é contada e reinterpretada.

Em um diálogo crescente entre a necessidade de se informar, de estar por dentro das dicas do bem viver, de uma *certa arte de viver* valorizada socialmente, a grande maioria da clientela televisiva engrossa os índices de audiência de uma programação que oferece, a preços módicos e sem cobrança, uma *educação* que se vende a partir da emoção e da diversão.

Por exemplo, programas religiosos promovendo a vida ascética, regrada e disciplinada e programas paradidáticos que prescrevem, estimulando a conduta *correta* para mulheres e jovens, expressam uma demanda que há muito a escola e demais agentes tradicionais da educação promovem de maneira compartilhada.

De acordo com pesquisas mais recentes, no que se refere às novas mídias, o espaço das TICs (tecnologias da informação e comunicação) como a internet – ou nas palavras de seus usuários, a cibercultura – deve ser vista como um novo meio de expressão em um mundo tão dominado pelas indústrias da cultura; o espaço cibernético é concebido como veículo de diálogo e trocas comunicativas intensas, espaço de construção de novas amizades, sociabilidade e reflexividade. O ciberespaço é também compreendido como um local de tolerância e liberdade de expressão para os que criam e produzem a cultura virtual, bem como para os receptores dessas novas linguagens.

Segundo essas investigações, a cibercultura peculiar à pós-modernidade é qualificada como responsável por uma nova forma de escrita, percepção do tempo e do espaço, formas inéditas de organizar e representar as ideias, pensamentos e fantasias. Concluem que a tecnologia interfere na produção da cultura desses usuários produzindo um novo *sensorium*. Ainda que não utilizem o referencial teórico de Walter Benjamin, a ênfase das discussões recai invariavelmente nessa tônica.

Aposta-se na ideia de que esse recurso tecnológico é pedagógico ou educativo, porque o indivíduo passa a ter autoria na sua produção, sente-se estimulado a produzir, escrever e ler a produção dos outros. E, segundo esse ponto de vista, é na produção autoral que nos constituímos como sujeitos de nossa história individual e coletiva. Essas TICs têm um potencial incomensurável de formação e de reconstrução de experiências identitárias. Nesse sentido, o usuário das novas mídias passa a ser reconhecido como um sujeito criativo em potencial.

Partindo dessas informações, creio que a questão das mídias é um assunto para educadores. Articular a prática pedagógica com a crítica em relação à parceria no processo de formação das futuras gerações é trabalhar na direção de uma educação mais completa.

É preciso refletir sobre as relações de interdependência, as relações e articulações entre a educação familiar e escolar e as mídias, a partir da proposta de *mediação* de Jesús Martín-Barbero. Compreendo a cultura das mídias sendo transmitida pelos dispositivos de uma educação informal. Ou seja, ainda que não trabalhem conscientemente com a intenção de transmitir um corpo de valores e prescrições comportamentais, são altamente poderosas. Com grande poder de penetração, elas desenvolvem estratégias educativas subliminares, constituindo-se em importantes parceiras da família e da escola na contemporaneidade.

Assim, é preciso analisar o processo educativo atual – especialmente, o processo de socialização das novas gerações – considerando uma específica configuração cultural. Uma socialização de acordo com a qual a construção das identidades sociais e culturais está sendo mediada pela coexistência de distintas matrizes de cultura, produtoras de valores e referências de vida.

Cabe lembrar também que, ao refletir sobre a articulação entre os campos da educação enfatizando a educação midiática, remeto necessariamente para as transformações que o campo educacional sofreu nos últimos anos. Ou seja, considero importante salientar que as formas de aprender e ensinar mudaram, pois os mecanismos de transmissão e os agentes da transmissão já não são os mesmos há, pelo menos, meio século. Lembro também que as ocasiões e os espaços em que se transmitem os saberes mudaram. Nesse sentido, insisto, é justo pensar que as formas de lidar com o conhecimento e a informação já não sejam as mesmas bem como as formas de lidar com as autoridades transmissoras do saber passaram por profundas transformações.

Para concluir, gostaria de reafirmar o que já foi dito no início deste livro. O que pretendi com essa discussão foi partilhar uma abordagem teórica e metodológica com colegas e alunos, pois elas há muito têm auxiliado nas investigações sobre o fenômeno das mídias. Isto é, para aqueles que têm familiaridade com as mídias, pretendemos estimular o debate e, para os novatos, a intenção é convidá-los a fazer uma imersão nesse amplo, diverso e instigante campo de investigação.

Bibliografia

Bibliografia geral indicada

ADORNO, Theodor; HORKHEIMER, Max. A indústria cultural. *Theodor Adorno*. São Paulo: Ática, 1986, pp. 92-9. (Coleção Grandes Cientistas Sociais)

_____; _____. A indústria cultural. *Dialética do esclarecimento*. Rio de Janeiro: Zahar, 1996, pp.113-56.

BENJAMIN, Walter. *A obra de arte na era de sua reprodutibilidade técnica*. São Paulo: Abril, 1983. (Coleção Os Pensadores)

_____. A obra de arte na era de sua reprodutibilidade técnica. *Obras escolhidas*: magia e técnica, arte e política. São Paulo: Brasiliense, 1996.

CHAUÍ, Marilena. *O que é ideologia*. São Paulo: Brasiliense, 1981. (Coleção Primeiros Passos)

COELHO, Teixeira. *O que é indústria cultural*. São Paulo: Brasiliense, 1989.

COHN, Gabriel (org.). *Comunicação e indústria cultural*. São Paulo: Companhia Editora Nacional, 1977.

DUMAZEDIER, Joffre. *Lazer e cultura popular*. São Paulo: Perspectiva, 1976.

DURHAN, Eunice Ribeiro. Cultura e ideologia. *A dinâmica da cultura*. São Paulo: Cosac&Naify, 2004.

GARCIA-CANCLINI, Nestor. *As culturas populares no capitalismo*. São Paulo: Brasiliense, 1983.

HALL, Stuart. A centralidade da cultura: notas sobre as revoluções de nosso tempo. *Revista Educação e Realidade*. Porto Alegre: UFRS, n. 2, v. 22, 1997, pp. 15-45.

KELLNER, Douglas. *A cultura da mídia*. Bauru: Edusc, 2001.

LÉVI, Pierre. *As tecnologias da inteligência* – o futuro do pensamento na era da informática. São Paulo: Ed. 34, 2002.

LIMA, Luis Costa (org.). *Teoria da cultura de massa*. Rio de Janeiro: Saga, 1969.

MATELLART, Armand; MATELLART, Michèle. *História das teorias da comunicação*. São Paulo: Loyola, 1999.

MARTÍN-BARBERO, Jesús. América Latina e os anos recentes: o estudo da recepção em comunicação social. SOUZA, Mauro Wilton (org.). *Sujeito, o lado oculto do receptor*. São Paulo: Brasiliense/ECA-USP, 1995, pp. 39-68.

_____; REY, Germán. *Os exercícios do ver*: hegemonia audiovisual e ficção televisiva. São Paulo: Senac, 2001.

_____. *Dos meios às mediações*: comunicação, cultura e hegemonia. Rio de Janeiro: UFRJ, 2003.

MICELI, Sergio. *A noite da madrinha*. São Paulo: Companhia das Letras, 2005.

MORIN, Edgar. *Cultura de massas no século XX*: o espírito do tempo – v. I – Neurose. Rio de Janeiro: Forense Universitária, 1984.

_____. *As estrelas*: mito e sedução no cinema. Rio de Janeiro: José Olympio, 1989.

ORTIZ, Renato. Cultura, comunicação e massa. *Um outro território:* ensaios sobre a mundialização. São Paulo: Olho D'Água, 1997.

_____. A Escola de Frankfurt e a questão da cultura. *Revista Brasileira de Ciências Sociais*. São Paulo: Anpocs, n. 1, v. 1, 1986, pp. 43-65. Disponível em: <http://www.anpocs.org.br/portal/publicacoes/rbcs_00_01/rbcs01_05.htm>. Acesso em 13 jan. 2010.

THOMPSON, John B. *Ideologia e cultura moderna*. Petrópolis: Vozes, 2000.

WHITE, Robert A. Recepção: a abordagem dos estudos culturais. *Revista Educação e Comunicação*. São Paulo: ECA/USP, n. 12, v. I, maio/ago. 1998, pp. 57-76.

_____. Recepção: a abordagem dos estudos culturais. *Revista Educação e Comunicação*. São Paulo: ECA/USP, n. 13, v. I, set./dez. 1998, pp. 41-66.

Bibliografia complementar

ADORNO, Theodor W. *Educação e emancipação*. Rio de Janeiro: Paz e Terra, 1995.

BACCEGA, Maria Aparecida. A construção do campo comunicação/educação: alguns caminhos. *Revista USP* – Dossiê Comunicação. São Paulo: USP, n. 48, dez., jan. e fev. 2001, pp. 18-31.

_____. *Televisão e escola:* aproximações e distanciamentos. XXV Congresso Brasileiro de Ciências da Comunicação Intercom. Salvador, 2002.

BERNARDET, Jean-Claude. *O que é cinema*. São Paulo: Brasiliense, 1981.

BOURDIEU, Pierre. *Sobre a televisão*: a influência do jornalismo e os jogos olímpicos. Rio de Janeiro: Zahar, 1997.

CITELLI, Adilson. *Comunicação e educação*: linguagem em movimento. São Paulo: Ed. Senac, 2002.

DUARTE, Rosália. *Cinema & educação*. Belo Horizonte: Autêntica, 2002.

FERRÉS, Joan. *Televisão subliminar*: socializando através de comunicações despercebidas. Porto Alegre: ArtMed, 1998.

FISCHER, Rosa Maria Bueno. *Televisão & educação*: fruir e pensar a TV. Belo Horizonte: Autêntica, 2001.

GARCIA-CANCLINI, Nestor. *Culturas híbridas*. São Paulo: Edusp, 1997.

GIDDENS, Anthony. *As consequências da modernidade*. São Paulo: Ed. Unesp, 1991.

_____. *Modernidade e identidade pessoal*. Oeiras: Celta, 1994.

HALL, Stuart. *A identidade cultural na Pós-Modernidade*. Rio de Janeiro: DP&A, 2001.

KELLNER, Douglas. *A cultura da mídia*. Bauru: Edusc, 2001.

LOBO, Narciso. *Ficção e política*: o Brasil nas minisséries. Manaus: Valer, 2000.

LOPES, Maria Immacolata Vassallo. *Pesquisa em comunicação*. São Paulo: Loyola, 2003.

ORTIZ, Renato. *A moderna tradição brasileira*: cultura brasileira e indústria cultural. São Paulo: Brasiliense, 1988.

_____. *O próximo e o distante*: Japão e modernidade-mundo. São Paulo: Brasiliense, 2000.

POSTMAN, Neil. *O desaparecimento da infância*. Rio de Janeiro: Graphia, 1999.

MACHADO, Arlindo. *A televisão levada a sério*. São Paulo: Senac, 2000.

MARTÍN-BARBERO, Jesús. La educación desde la comunicación. *Enciclopedia Latinoamericana de Sociocultura y Comunicación*. Buenos Aires: Grupo Editorial Norna, 2002.

METZ, Christian. *A significação no cinema*. São Paulo: Perspectiva/Edusp, 1972.

MORIN, Edgar. *O cinema ou o homem imaginário*. Lisboa: Moraes, 1970.

REVISTA USP. *Dossiê Cinema Brasileiro*. São Paulo: CCS-USP, n. 19, 1993.

SETTON, Maria da Graça J. Indústria cultural: Bourdieu e a Teoria Clássica. *Comunicação & Educação*. São Paulo: Paulinas, n. 22, set./dez. 2001, pp. 26-36.

_____. Família, escola e mídia: um campo com novas configurações. Educação e pesquisa. São Paulo, *Revista da Faculdade de Educação da USP*, n. 1, v. 28, 2002, pp. 107-16.

_____ (org.). *A cultura da mídia na escola: ensaios sobre cinema e educação*. São Paulo: AnnaBlume, 2004.

_____. A educação popular no Brasil: a cultura de massa. *Revista USP – Dossiê TV*. São Paulo, n. 61, 2004, pp. 58-78.

_____. A particularidade do processo de socialização contemporâneo. Tempo social. São Paulo, *Revista da FFLCH-USP*, v. 17, nov. 2005, pp. 335-50.

_____. Juventude, mídia e TICs. *O Estado da Arte sobre juventude na pós-graduação brasileira: Educação, Ciências Sociais e Serviço Social* (1999-2006). Belo Horizonte: Argumentum, 2009, v. 2.

SILVA, Tomaz Tadeu (org.). *Alienígenas na sala de aula:* uma introdução aos estudos culturais. Petrópolis: Vozes, 1995.

STEINBERG, Shirley; KINCHELOE, Joe (orgs.). *Cultura infantil*: a construção corporativa da infância. Rio de Janeiro: Civilização Brasileira, 2001.

THOMPSON, John B. *A mídia e a modernidade*: uma teoria social da mídia. Petrópolis: Vozes, 2002.

TOSTA, Sandra; MELO, José Marques. *Mídia e educação*. Belo Horizonte: Autêntica, 2008. (Temas Educação)

VON FEILITZEN, Cecilia; CARLSSON, Ulla (orgs.). *A criança e a mídia*: imagem, educação participação. São Paulo: Cortez, 2002.

XAVIER, Ismail. *A experiência do cinema*. Rio de Janeiro: Graal, 1983.

Anexos

Sugestões e roteiro de atividades

A IMPRENSA E A EDUCAÇÃO

Trabalho em grupo – máximo 5 alunos

Roteiro

1ª PARTE – TEMA ESCOLHIDO:
a) Conteúdo explicativo extraído dos recortes de jornal – preenchimento fichas.
b) Dias das notícias por ordem cronológica/nome do periódico/repórter responsável.
c) Exemplo: tema – Ensino médio/subtema – reforma ensino médio.
d) Dia 05/09/02 – O Estado de S. Paulo – Título: MEC quer acelerar reforma do ensino médio, que levará 5 anos – Demétrio Weber.
e) Dia 06/09/02 – O Estado de S. Paulo – Título – Verba do Bird depende de projeto/MEC lança campanha na terça – Marta Avancini e freelancer, respectivamente.

2ª PARTE – CONTEÚDO CRÍTICO
a) Sujeitos da fala mais presentes – nome/posição institucional.
b) O que falam (ideias/convicções/propostas expostas nas notícias).
c) Divergências nas falas dos sujeitos.
d) Qualificar as divergências.

OBSERVAÇÕES:
a) As notícias lidas nos diferentes dias e periódicos apresentam variação de conteúdo, isto é, sofrem acréscimo de informações ou são repetitivas?
b) Qual o intervalo de tempo médio em que se apresentam?
c) Qual o periódico mais presente neste tema?
d) Qual o repórter/jornalista mais presente neste tema?
e) Observou alguma diferença de abordagem entre os periódicos?
f) Faça uma síntese reflexiva sobre as experiências de leitura, interpretação e utilização prática da proposta desse trabalho para seu curso de Licenciatura.

Ficha de resumos – matérias jornalísticas

Título da matéria:
Periódico:
Data:
Nome do responsável – jornalista:
Sujeito(s) da fala – quem está falando:
Objeto da fala – sobre o que está falando:
Resumo:
Observações:

Roteiro de investigação

OBJETIVOS DO TRABALHO
a) Fazer uma análise descritiva das matérias jornalísticas sobre o ensino superior ou ensino fundamental e/ou a questão dos ciclos publicadas pela imprensa.
b) Observar como o discurso jornalístico chega ao público leitor.
c) Identificar os temas de maior destaque, seus protagonistas, falas e visibilidade. Ou seja, quem fala, o que fala, de onde fala.
d) Desenvolver uma interpretação crítica de como essas notícias são difundidas e postas em circulação.

Hipóteses gerais
a) Uma leitura sistemática e crítica do material possibilitará identificar alguns aspectos do campo da educação.
b) Uma leitura sistemática e crítica do material possibilitará identificar questões teóricas referentes ao processo de produção das mensagens midiáticas.
c) O discurso jornalístico contribui para a formação das representações da opinião pública.
d) O discurso jornalístico é produtor de um discurso simbólico, dotado de sentido.
e) A linguagem e os discursos são instrumentos de comunicação e conhecimento, bem como podem servir como instrumentos de dominação.
f) Os discursos midiáticos não são por si mesmos construções ideológicas. É preciso verificar quando e como seu sentido serve para estabelecer e sustentar relações de poder.

Hipóteses específicas
a) A capacidade de a imprensa mapear e informar parte da agenda do atual sistema de ensino brasileiro.
b) A capacidade dessa análise de identificar os protagonistas do discurso jornalístico e a posição que ocupam no funcionamento do campo do sistema de ensino.
c) A possibilidade de identificar um discurso ideológico e, como decorrência, a possibilidade da criação de um domínio simbólico sobre esta realidade.

Principais etapas
a) A compreensão do contexto histórico social do sistema de ensino, por exemplo, o ensino superior brasileiro ou ensino fundamental atual, seus agentes e instituições, bem como a especificidade da lógica de funcionamento do campo jornalístico.
b) Análise dos discursos veiculados pela imprensa, ou seja, os recursos linguísticos utilizados pelos emissores, jornalistas ou agentes do

campo e, em terceiro lugar, análise interpretativa dos possíveis significados desses discursos.

OBSERVAÇÕES METODOLÓGICAS
a) Redação dos resumos.
b) Organização das matérias segundo uma ordem cronológica, de frequência, responsabilidade jornalística e fonte (jornal).

OBSERVAÇÕES PARA A INTERPRETAÇÃO CRÍTICA
a) Recursos de linguagem e retórica nas manchetes ou no interior das matérias (tom propositivo, negativo; juízos de valor).
b) Figuras de imagens (generalizações, naturalização dos sentidos).
c) Parceiros ausentes/diálogo entre os parceiros.
d) Ausência de uma contextualização (o fato sendo apresentado sem história, sem análise, sem reflexão).
e) Caráter apenas informativo das matérias.
f) Controvérsias entre as matérias ou entre os discursos.
g) Frequência de artigos e editoriais sobre alguns assuntos (valorização do jornal e da autoridade do sujeito da fala).

A TV E A EDUCAÇÃO

Roteiro de investigação

OBJETIVO DO TRABALHO
a) A partir da escolha de uma ou mais temáticas propostas por um programa de TV, desenvolver uma interpretação descritiva e crítica a respeito.

HIPÓTESES GERAIS
a) Uma leitura sistemática e crítica do material possibilitará identificar alguns aspectos sobre as relações existentes entre as propostas e mensagens veiculadas e um certo imaginário social, reforçando ou questionando papéis, projetos político-ideológicos e/ou interesses sociais em jogo relativos ao processo educativo.

b) Uma leitura sistemática e crítica do material possibilitará identificar questões teóricas referentes ao processo de construção de identidade dos sujeitos contemporâneos.
c) Os programas fazem parte da cultura de um povo e, assim, servem como documento de um tempo, de uma história, bem como dos problemas que afligem os indivíduos relativos a este período.
d) O discurso midiático corrobora a formação das representações da opinião pública.
e) O discurso midiático é produtor de um discurso simbólico, dotado de sentido.
f) A linguagem e os discursos são instrumentos de comunicação, conhecimento bem como podem servir como instrumentos de dominação.
g) Os discursos midiáticos não são, por si mesmos, construções ideológicas. É preciso verificar quando e como seu sentido serve para estabelecer e sustentar relações de poder.

Hipóteses específicas
a) A capacidade de a pesquisa documentar aspectos da nossa cultura bem como conflitos sociais de certos segmentos do público.
b) A capacidade de a análise identificar práticas que mediam o processo de construção das identidades e subjetividades dos indivíduos.

Principais etapas
a) Justificativa da escolha do programa tendo em vista sua relevância para o campo da educação.
b) O contexto do programa; emissora, público-alvo, horário, audiência, programas concorrentes, estrutura de produção, gastos aproximados, elenco, personagens, proposta principal do programa.
c) Gravação de alguns episódios (com ou sem critérios previstos *a priori*).

d) Assistir e selecionar aspectos relativos à educação que mereçam ser analisados (primeiro individualmente e depois em grupo).
e) Uma análise descritiva e interpretativa segundo bibliografia sobre o assunto. É necessária a construção de um roteiro de análise – recursos como música, tomadas das cenas, vocabulário, espaço físico em que se desenrolam as cenas, tipo físico dos personagens, vestuário dos personagens, construção dos aspectos psicológicos dos personagens, qual a relação entre o representado nos personagens e a realidade do público-alvo.

A IMAGEM DA CRIANÇA NA PUBLICIDADE

Roteiro de investigação

Objetivo do trabalho
a) A partir de imagens de crianças em fotos publicitárias retiradas de alguns periódicos escolhidos previamente, desenvolver uma interpretação descritiva e crítica a respeito da imagem que a mídia publicitária tem da infância.

Hipóteses gerais
a) Uma leitura sistemática e crítica do material possibilitará identificar alguns aspectos sobre as relações existentes entre as propostas e mensagens veiculadas e um certo imaginário social, reforçando ou questionando papéis, projetos político-ideológicos e/ou interesses sociais em jogo relativos ao processo educativo.
b) Uma leitura sistemática e crítica do material possibilitará identificar questões teóricas referentes ao processo de construção da identidade infantil de uma época.
c) A imagem midiática faz parte da cultura de um povo e, assim, serve como documento de um tempo, de uma história, bem como dos problemas que afligem os indivíduos relativos a este período.

d) O discurso midiático corrobora a formação das representações da opinião pública.
e) O discurso midiático é produtor de um discurso simbólico, dotado de sentido.
f) A linguagem e os discursos são instrumentos de comunicação e conhecimento, bem como podem servir como instrumentos de dominação.
g) Os discursos midiáticos não são por si mesmos construções ideológicas. É preciso verificar quando e como seu sentido serve para estabelecer e sustentar relações de poder.

Hipóteses específicas

a) A capacidade de a pesquisa documentar aspectos da cultura infantil de nossa época.
b) A capacidade de a pesquisa identificar diferenças entre as representações infantis de nossa época.
c) A capacidade de a análise identificar práticas que mediam o processo de construção das identidades e subjetividades das crianças.

Principais etapas

a) Justificativa da escolha dessa proposta tendo em vista sua relevância para o campo da educação.
b) Seleção das fotos publicitárias.
c) Periódico, público-alvo, produtos anunciados, produtos concorrentes, estrutura de produção, gastos aproximados, personagens, proposta principal do programa.
d) Análise descritiva das fotos segundo um roteiro (personagens, vestuário, pose, acessórios, expressão do rosto dos personagens, quantidade de personagens, sexo, idade, possível relação entre os personagens.
e) Uma análise comparativa entre as fotos organizando-as segundo o que cada uma tem em comum. Análise crítica e interpretativa das imagens segundo uma bibliografia sobre a infância.

Sites de consulta

REVISTAS QUE PUBLICAM TEXTOS SOBRE A TEMÁTICA MÍDIA E EDUCAÇÃO

Educação e Realidade – FE-UFRGS
http://www.ufrgs.br/edu_realidade
Revista Comunicação e Sociedade – Universidade Metodista de São Paulo
http://www.metodista.br/editora

ASSOCIAÇÕES E ONGS

Ação Educativa (SP)
http://www.acaoeducativa.org.br

Andi – Agencia de Notícias dos Direitos da Infância
http://www.andi.org.br

Anped – Associação Nacional de Pesquisa e Pós-Graduação
http://www.anped.org.br

Auçuba (PE)
http://www.aucuba.org.br

Bem TV (RJ)
http://www.bemtv.org.br

Cecip – Centro de Cultura e Imagem Popular (RJ)
http://www.cecip.org.br

Cipó (BA)
http://www.cipo.org.br

COMPÓS – Associação Nacional de Pesquisa e Pós-Graduação em Comunicação
http://www.compos.org.br

Comunicação e Cultura (CE)
http://www.comcultura.org.br

Fundação Casa Grande (CE)
http://www.fundacaocasagrande.org.br

Grupo TVER
http://tver.zip.net

Instituto Alana (em especial mídia e infância) (SP)
http://www.institutoalana.org.br

Intercom – Sociedade Brasileira de Estudos Interdisciplinares da Comunicação
http://www.intercom.org.br

Intervozes (SP-DF):
http://www.intervozes.org.br

Midiativa
http://www.midiativa.org.br

Oficina de Imagens (MG)
http://www.oficinadeimagens.org.br

Projeto Saúde e Alegria (PA)
http://www.saudeealegria.org.br

Rede CEP – Comunicação, Educação e Participação (SP)
http://www.redecep.org.br

Repórter Brasil
http://www.reporterbrasil.org.br

Revista Viração (SP)
http://www.revistaviracao.org.br

Sugestões de filmes para discussão e análise

SOBRE MÍDIA

CIDADÃO KANE. Orson Welles. EUA. Warner Home Vídeo, 1941.
O QUARTO PODER. Costa-Gavras. EUA. Warner Brothers, 1997.
A ERA DO RÁDIO. Woody Allen. EUA. Fox Home Entertainment, 1987.
CANTANDO NA CHUVA. Stanley Donen e Gene Kelly. EUA. MGM Studios, 1952.
A NOITE AMERICANA. François Truffaut. França. Warner Home Vídeo, 1973.

SOBRE INFÂNCIA E EDUCAÇÃO

O SENHOR DAS MOSCAS. Harry Hook. EUA. Fox Filmes, 1990.
A GUERRA DOS BOTÕES. John Roberts. EUA. n.d., 1995.
OS INCOMPREENDIDOS. François Truffaut. França. Versátil/Seleções, 1959.

Adeus, meninos. Louis Malle. França-Alemanha. n.d., 1987.
O jarro. Ebrahim Foruzesh. Irã. Cult Filmes, 1992.

SOBRE A SOCIEDADE MODERNA

Tempos modernos. Charles Chaplin. eua. Fox Filmes, 1936.
Denise está chamando. Hal Salwen. Canadá. Alpha Filmes, 1995.
Nós que aqui estamos por vós esperamos. Marcelo Masagão. Brasil. Um Minuto, 1999.
Matrix. The Wachowski Brothers. eua. Warner Bros., 1999.
O show de Truman – o show da vida. Peter Weir. eua. Paramount, 1998.

A autora

Maria da Graça Setton é socióloga (PUC-SP), mestre em Ciências Sociais (PUC-SP) e doutora em Sociologia (USP). Atualmente, é livre-docente da Universidade de São Paulo e leciona na graduação e na pós-graduação da Faculdade de Educação (FE-USP). Em 2000, esteve na França – na École des Hautes Études en Sciences Sociales, em Paris – realizando sua pesquisa de pós-doutoramento. Em 2008, fez um estágio de pesquisa no Groupe de Recherche sur la Socialisation, na Université Lumière 2, em Lyon, também na França. Sua trajetória é na área de Sociologia, combinando as ênfases em Sociologia da Educação e Sociologia da Cultura, com atuação nos temas: socialização, escola, mídia, religião e família.